비거스렁이 바람결에

비거스렁이 바람결에

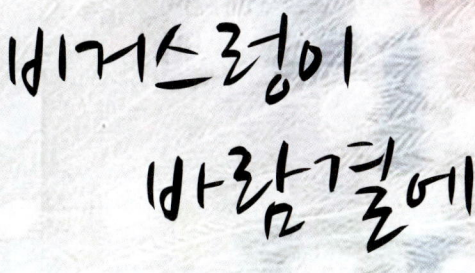

정진숙 수필집

보나비

책머리에

귀한 손님 모시는 날,
훌륭한 만찬을 차려드리고 싶었습니다.
더 할 수 없이 흡족한 마음으로 드시게 하고 싶었습니다.
장터에는 만 가지의 찬거리가 가득하였습니다만
제 솜씨로 차려진 밥상은 가난을 감출 수가 없습니다.

바닷가의 모래알처럼 수많은 사연
갈고 닦아 밤하늘 별처럼 반짝이게 만들고 싶었습니다만
똑같은 말만 되풀이하다 막을 내립니다.
깊은 샘물의 시원함으로 목마름을 가시게도 못하고
너른 바다처럼 안아주지도 못합니다.

그래도
각시가 최고라고 믿어주는 남편이 있어
의지하며 살아온 세월이 어언 오십 년

젊은 날 테레빈 기름 냄새를 향수처럼 풍기던
이젤 앞의 남편은 지금도 나를 설레게 합니다.

그의 그림으로 부족한 제 공간을 채웠습니다.

아이들과 남편과 어린 시절의 기억으로
작은 울타리 내 세상을 함께 내 놓았습니다.

오일장 붕어빵 뜨거운 팥에 입을 데었다던 친구에게
자랑하고 싶어 서둘러 엮어 봅니다.

2024년 시월 가을의 문턱에서
정진숙

차례

책머리에 … 4
후기 … 320

1. 그대를 사랑합니다

삼월 삼진날 … 15
겨울밤 … 20
그대를 사랑합니다 … 27
그리워라 … 34
기억을 추억해 봐요 … 39
난 제비가 좋아 … 46
나는 네 봉이다 … 50
시집 보내기 … 54
비거스렁이 바람결에 … 58
맨드라미 피고 지고 … 64
일흔 즈음에 … 66
연지의 추억 … 73

2. 희망으로 남은 당신

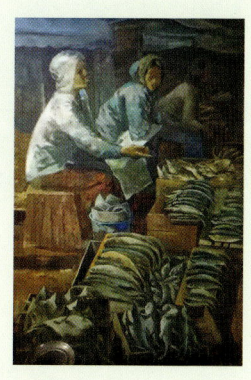

평퐁 … 81

파 한 단 … 85

초사흘 … 90

화로 … 93

희망으로 남은 당신 … 97

철부지 … 104

다정치 말기 … 108

도토리 다섯 알 … 114

또다시 가을 … 119

메아리 … 124

멸치 대가리 … 127

소원을 말해 봐 … 131

3. 어느 봄날에

이 한 장의 사진 … 139

애첩 기질 본처 기질 … 144

쌀 한 자루 … 147

어느 봄날에 … 151

어떤 만남 … 157

어머니의 창 … 161

여행 … 165

우리의 여름나기 … 172

이 나이에 … 176

이별 후 愛 … 182

한 알이 땅에 묻혀 … 186

꽃무늬를 입어요 … 192

주말의 선물 같은 특가 … 198

4. 너를 사랑해

가슴 뛰는 일 … 205

화원의 아이들 … 212

가시 … 215

못다 준 사랑만을 기억하리라 … 218

비 내리는 버스 정류장에서 … 223

별이 빛나는 밤 … 225

손자의 가을 … 228

순자 이모 … 231

외할아버지 … 240

이별에 필요한 시간은 얼마인가요 … 244

내 마음의 숨은 가보 … 250

가을 愛 … 253

너를 사랑해 … 257

5. 나는 너의 좋은 데를 안단다

가을에 만난 소녀 … 265

갈대 … 269

거리두기 … 271

겨울 소묘 … 274

고구마말랭이 … 280

고모님의 겨울 … 285

그때 그 사람 … 289

땅은 똥을 마다하지 않는다 … 294

꽃 마중 … 297

꿈 … 302

나 여기 있어요 … 307

나는 너의 좋은 데를 안단다 … 312

가는 길 … 316

비거스렁이 바람결에

정진숙 수필집

비거스렁이 바람에 옷깃을 여미어도
풀숲에 깃든 귀뚜라미 울음에
쉬 허물어지는 밤입니다. 돌 하나하나 모아
무너지지 않을 성을 쌓아가며 저들과 함께 이 밤을
지새우려 합니다.

1.
그대를 사랑합니다

오랜만에 내려온 손자는 키가 부쩍 커졌고 통통했던 볼이 갸름하게
변하였다. 신발 벗기가 바쁘게 손자의 가방에서 쏟아져 나온 선물.
쿠로미 키링과 무지갯빛 지우개 두 개를 내 손에 담아 주었다.
초등학생 필통에 담아야 할 지우개를 팔십이 가까워지는 이
할머니에게 선물한 손자는 마냥 흐뭇한 표정이었다.

삼월 삼짇날
겨울밤
그대를 사랑합니다
그리워라
기억을 추억해 보세요
난 제비가 좋아
나는 네 봉이다
시집 보내기
비거스렁이 바람결에
맨드라미 피고 지고
일흔 즈음에
연지의 추억

삼월 삼짇날

 제비가 돌아온다는 날, 삼이 겹치는 삼짇날이면 봄의 기운이 완연하다. 집을 짓기 시작한 처마 밑 제비를 보러 동네 아이들까지 모이면 봄은 왁자지껄 소란스러운 장터가 된다. 냇물 따라 연둣빛이 하루가 다르게 더해가면 초동은 물오른 버들가지 속 줄기를 빼내어 피리를 불고 여인네들은 여린 쑥을 캐어 찰진 쑥떡을 만든다. 이제 한 해 농사가 시작되는 것이다.
 삼짇날, 동쪽으로 흐르는 물로 머리를 감으면 좋은 머릿결을 간직한다니 예나 지금이나 그에 대한 관심사는 다르지 않나 보다. 갖가지 음식을 준비하여 남녀노소가 산에 올라 화류놀이, 화전놀이로 해가 기울 때까지 놀며 남녀가 만나는 날이기도 하고 이렇게 맺어진 연분은 좋은 아이를 출산한다고 믿었다. 만물이 꽃으로 피어나는 계절 아닌가.
 이날을 기해 집수리도 하고 호박을 심기도 하는 날인데 삼재가 든 사람은 삼재풀이를 해주어야 한다는 어르신들의 말씀을 흘려들을 수 없었다. 삼재(三災)는 십이지로 따지는 불길한 운수로 들 삼재, 눌 삼재, 날 삼재로 삼 년을 마음에 안정을 갖고 몸가짐에 경거망동함이 없도록 만남을 조심하라는 경고음을 울려 주는 해란다. 금년은 원숭이, 용, 쥐, 세 띠가 날 삼재에 들었다는데 한 해를 잘 마무리하는 지혜가 쥐띠인 나와 용띠 딸아이에게 필요한 것이라는 말씀이다.

　손위 시누이님은 칠 년 연상이니 이제 여든이 훌쩍 넘은 고령이다. 그런데도 부모님처럼 우리 부부를 보살펴 주신다. 텃밭에서 키운 열무로 김치를 담가주시고 풋것들을 챙겨주시는데 열무김치는 아무도 따를 수 없는 맛이다. 시원한 그 맛에 길들어 일흔이 넘은 이 나이에도 나는 염치없이 넙죽넙죽 받기만 한다.
　신년이 되면 한 해의 무탈을 비는 기도를 해주시고 멀리 있는 아들, 딸네 안전 운행을 위한 준비까지 해주시더니 지난해에는 삼재를 풀어주는 기도문을 가져오셨다.

　나무 천지 수화 연월일시 관조 신 무자생 정진숙 삼재일시 소멸.

　이 기도문을 아침에 일어나면 가장 먼저 찾게 되는 부엌,

눈길이 가는 곳에 두고 외웠다. 진통제에서 벗어날 수 없는 아픈 몸으로도 먼 길 찾아가 챙겨주신 시누이님의 소중한 정성이 지갑에도 서랍에도 벽에도 머물며 나를 지켜주고 있다. 오색실로 가늘게 엮어 만든 목걸이도 건강을 오래오래 지키라는 그분의 염려일 터, 또래 친구에 비하면 근심 걱정 없이 살면서 감사하다는 표현을 못 하고 살았다는 생각을 이제야 하게 된다.

삼월 삼짇날, 올해에는 양력 4월 11일 국민 투표 다음 날이다. 밤새워 개표가 끝나면 누군가는 승리의 헹가래를 칠 것이고 패자는 어떤 위로도 받아들여지지 않는 아픔을 안게 될 것이다. 그래도 승자나 패자나 다시 논밭을 일구는 마음으로 한 사람 한 사람 내 밭으로 믿고 씨앗을 심어가야 하지 않을까.

벚꽃이 이제 지려는 건가 눈이 부시던 화사함에 그늘이 보인다. 나들이 힘든 두 내외분, 천변으로 향한 창가에서 봄을 찾고 계실까. 여린 쑥 인절미 한 석작 이고 가 옛 얘기라도 나누고 올까 싶다.

어두운 밤을 지우려는 듯 하얀 눈이 내린다. 어디를 둘러봐도 수정처럼 빛나던 고드름은 보이지 않는다. 할머니 방을 지키던 검은 무명 이불. 그 한 자락 둘러쓰고 펑펑 소리내어 울고 싶은 밤. 이 울음은 긴 세월 어디에 숨어 있었을까.

〈장미가 놓인 정물〉 8F(유채화)

겨울밤

 머나먼 길 찾아온 하얀 손님, 두 손 내밀어 공손히 맞이한다. 육각의 아름다운 무늬는 따뜻한 온기에 주저 없이 녹아내린다. 따뜻한 손이 그리웠을까. 바람 불어 쓸쓸한 언덕, 애타는 그리움으로 헤매던 할머니의 발걸음 조용히 잠재우는 겨울밤, 하염없이 눈이 내린다.

 김 모락모락 오르는 냄비를 끌어당긴다. 이젠 어찌할 수 없는 유년의 그리움, 추억 속에서 타는 연탄불 냄새마저 정겨운 밤, 춘장에 뜨겁게 김이 오른다. 시금치 국물 한 숟갈, 겨울의 허기가 조금은 덜어질까.
 내 유년의 겨울은 처마에 주렁주렁 달리던 고드름, 그것들과 함께 시작된다. 수정처럼 맑고 투명하게 빛났다. 작고 초라한 초가에 어찌 그리 크고 예쁘게 빛났을까. 하나 뚝 따서 오도독 깨물면 볼 안을 가득 채우던 얼음 조각들. 그 얼음 조각을 가슴에 담고 사는 우리 할머니. 뒤란 대나무처럼 곧고 푸르고 외로우셔서 하나뿐인 손녀를 따뜻하게 안아준 적이 없다. 손목을 잡고 "많이 야위었구나." 하시던 그때를 지금도 기억하는 건 예전에 없던 일이기 때문이다. 방학이 되면 딸만 보내는 며느리의 심사가 서운해 아들의 부재를 뼈저리게 곱씹어야 했는지 모른다.

등잔에 기름을 부어주고 가까이 앉은 할머니. 무언가를 꿰맸다. 바느질이 없으면 무엇으로 긴 밤을 지새웠을까. 동굴처럼 어둡고 차디찬 가슴, 그걸로나마 메꾸시는가. 그나마 약해진 시력에 눈가에 주름은 깊어진다.

아랫목에 잠든 손녀의 양손에 콩 자루를 다시 묶어준다. 눈만 뜨면 얼음판으로 내달리더니 손등에 얼음이 들었다. 방학이 끝나 가는데 벌겋게 부은 손으로 돌아가면 외가 어른들 걱정하시리. 여자는 다소곳이 손발을 모으고 자는 것이라 했는데도 꿈에서도 천방지축 뛰어다니나 보다. 이불을 덮어주며 보는 옆모습, 어린 시절 내 아들이 거기 누워 있는 듯하다.

부모 말에 거역함이 없던 아들이 동란이 일자 부모 곁으로 돌아왔다. 며느리 친정어머니가 새벽바람에 찾아왔다. 여기는 위험하니 광주로 가자고 했다. 그때 함께 보낼 것을. 내 눈앞에 있어야 지켜줄 수 있을 것 같은 어리석음에 아들을 붙잡았다. 며느리와 세 살배기 손녀만 포대기 받쳐 친정어머니 따라 새벽길 나서게 했다. 영원한 이별의 날이 되리란 걸 어찌 알 았겠는가. 어머니 곁에 남은 아들은 잔혹한 바람에 휩쓸려 이쪽저쪽으로 시달렸다. 국민을 지켜주지 못하고 가버린 사람들. 그들은 돌아왔건만 좌익에 협조했다고, 남을 수밖에 없었던 선량한 농민을 죽음의 길로 내몰았다. 쓸 만한 책상이 있다고 인민군 사무실로 잠시 내어줘야 했던 집, 그렇게 협조했다고 불사르는 수모를 당했다. 살기 위해 숨어야 했던 아들은 북으로 갔는지 아니면 어느 산속에 묻힌 것인지 알길 없이 세월만 무심하게 흘렀다.

발이 부르트게 찾아다녔다. "부디 살아만 있어다오." 용하다는 점집을 찾아 작은 희망의 끈이라도 잡으려 했다. "어머니." 하며 들어올 것 같은 기다림에 언제나 열려있는 사립문. 문에 달린 종이 울리며 손녀가 찾아왔다. 세 살 때 외가로 피난 보낸 아이, 이제는 거기가 제집인 줄 알고 산다. 실패 감는 할머니와 마주 앉아 종알종알 들려주는 애기들. 며느리의 소식이라도 들을까 귀를 기울인다. 멀리 있어도 아들을 기다려 주는 며느리의 마음이 변함없길 바라지만 실타래를 양손에 펼쳐 들고 요리조리 풀어주는 손녀는 "엄마는 잘 있어요." 한마디로 끝이다. 실이 풀려오는 거리는 한 발을 넘지 못하는데 가슴은 천리다.

아침이면 머리 곱게 빗어 쪽을 지고 흰옷 정갈한 치마저고리로 단장을 한다. 부뚜막 좀들이 병에 쌀 한 주먹 채우고 하루를 시작한다. 가난한 살림에도 특별한 날은 대소가 친척들과 밥을 나누며 슬픔을 감추었다. 아들 잃은 어미라는 소리를 듣고 싶지 않았다. 그러나 밤이 오면 어제와 같은 모습으로 등잔을 마주한다. 처마 밑 고드름 떨어지는 소리에 설핏 찾아온 잠도 달아나고 오도카니 앉아 커다란 그림자와 함께 밤을 지새운다. 그런 할머니를 할아버지는 산 귀신이라 했다.

아픔도 세월 따라 흘러가는가. 인민군에 끌려가 운전을 한 것이 죄가 되어 몇 년을 감옥에 갇혀 있던 작은아들이 돌아왔다. 결혼에 이어 떡두꺼비 같은 손자를 안겨 주었다. 심지를 돋우고 환한 불빛에 비쳐 보는 손자의 백일사진. 고추를 자랑스럽게 내놓은, 볼이 통통한 아이.

"내 강아지, 내 강아지."

"장군이야. 내 강아지."

할머니는 얼굴을 사진에 대고 행복해하셨다. 뒤에서 지켜보는 손녀는 잊으신 듯했다. 대나무 얇게 엮어 만든 대자리 방바닥에 손자의 똥이 묻어도 "이쁘다." 하셨다. 이젠 내 할머니가 아니구나. 나를 저렇게 사랑해 주신 적이 있었던가. 가슴 한쪽 찌르르 아프다. 내 나이 열세 살이었다.

서걱거리는 대나무 사이로 흐르는 바람 소리. 가끔 가지에 얹힌 눈들을 이겨내지 못하고 철퍼덕 쏟아지는 소리가 정적을 깬다. 저녁 지을 때 지핀 불. 이젠 구들이 식어가나 보다. 검은 무명 이불을 바짝 끌어 올리며 아랫목으로 파고든다. 아버지의 따뜻한 가슴에 안겨본 기억이 없다. 넙데데한 얼굴이 뭐 그리 사랑스럽다고 '대봇짱'이라 부르며 안아주었다는데 그 목소리, 그 냄새가 기억에 없다. 춥다고, 외롭다고 느끼는 건 따뜻함의 기억이 남아 있을 때이다. 아버지를 모르는 나는 할머니의 아픔을 몰랐다. 슬픈 자식의 흔적인 때문인가. 할머니는 나를 안아주지 않았다. 나 안아 달라고 울지도 않았다. 울면 팔자가 슬퍼진다고 울지도 못하게 했다. 그렇게 길들어진 나는 슬플 때면 침을 꼴깍 삼키고 눈만 크게 뜨는 무표정의 아이가 되었다. 누가 안아 주려 하면 도망가는 아이가 되었다. 중년의 남자를 지나칠 때면 문득 내 아버지의 모습이 저러한 모습일까 돌아보았다. 만약에 아버지를 만난다면 다른 아이들처럼 사랑할 수 있을까 생각도 해 보았다.

  겨울이면 잊지 않고 제자리를 찾아오는 동상의 흔적. 손등을 붉게 점령하고 기억의 자리를 슬금슬금 간질이고 간다. 할머니가 묶어주시던 콩 자루 효력이 이제 스며들었나 보다. 아픔이 아픔으로 남지 않는 세월이 흘렀다. 할머니가 떠나시고 사십여 년이 흘렀다. 부뚜막 한쪽에서 쌀 한 줌 받아주던 좀들이 항아리가 내 집 현관으로 이사를 왔다. 쌀 대신 현관이

열릴 때마다 종소리를 담는다. 은빛 항아리에 새겨진 무늬는 세월의 때를 담아 제빛을 잃었어도 날개를 펼친 새들과 울창한 소나무, 그 아래 곧게 올라온 가지에 매화 꽃망울이 터질 듯 봉긋하다. 할머니가 꿈꾸던 세상이었을까. 내게 남겨진 유일한 할머니 흔적, 그 세상 만나지 못하고 어찌 눈 감으셨을까. 부뚜막의 솔가지 타던 냄새며 솥뚜껑 아래 흐르던 밥 냄새 그리고 할머니 이마에 내려온 곱슬머리가 연기처럼 피어오른다.

나 이제 어찌 살아도 슬프지 않을 머리 하얀 할머니가 되었다. 할머니처럼 슬프지 않으려고 어머니처럼 서럽지 않으려고 울지 않고 살았다. 내 자식들 손을 놓지 않고 남편도 아이처럼 안고 살았다.

어머니는 지금도 넋두리처럼 중얼거린다. 새벽에 출발해서 밤중까지 걸어야 했던 피난길. 땀을 뻘뻘 흘리던 아이는 포대기 안에서 발로 차고 흔들며 저기 냇가에 가서 놀자고 뻗대고 울더란다.

"그때 같이 올걸."

남편과 함께 오지 못한 피난길은 깊은 한으로 남아 한숨으로 터진다. 스물셋 꽃 같은 시절, 가난해도 도란도란 행복하리라 믿었다. 기다림의 끝에 반겨줄 그 사람, 언젠가 돌아오리라 믿어 모질게 살았다. 그 세월 부질없었음을 알고 난 뒤에 좌표를 잃고 헤매던 험한 길. 이제 저세상에서 올 길잡이를 기다린다.

어두운 밤을 지우려는 듯 하얀 눈이 내린다. 어디를 둘러봐도 수정처럼 빛나던 고드름은 보이지 않는다. 할머니 방을 지키던 검은 무명 이불. 그 한 자락 둘러쓰고 펑펑 소리내어 울고 싶은 밤. 이 울음은 긴 세월 어디에 숨어 있었을까.

그대를 사랑합니다

오랜만에 내려온 손자는 키가 부쩍 커졌고 통통했던 볼이 갸름하게 변하였다. 신발 벗기가 바쁘게 손자의 가방에서 쏟아져 나온 선물. 쿠로미 키링과 무지갯빛 지우개 두 개를 내 손에 담아 주었다. 초등학생 필통에 담아야 할 지우개를 팔십이 가까워지는 이 할머니에게 선물한 손자는 마냥 흐뭇한 표정이었다. 젤리 과자처럼 투명한 지우개를 보며 할머니도 입이 함박만큼 벌어졌다. 연필 꼭지에 달린 조그만 지우개를 쓰던 어린 시절, 그나마도 없으면 검지에 침을 발라 틀린 글자를 지우노라면 공책은 헤지고 지저분하기 일쑤였다. 이 고운 지우개를 들고 그 시절로 갈 수 있으면 얼마나 좋겠는가. 기차 타고 오는 내내 주고 싶은 그 마음도 달렸으리라.

내 손에 전해진 쿠로미는 야무진 눈매에 자그마한 입 그리고 분홍빛 코를 가진 사랑스러운 모습이지만 분홍빛 해골을 앞에 그린 검은 두건을 쓰고 있어 야무지게 튀어 나가 한바탕

싸울 듯한 악동의 모습도 스며있다. 우쿨렐레 가방에 매달려 나를 따라가 느티나무 가로수 길에서 함께 버스를 기다리고 시장의 은빛 갈치가 탐나 기웃거리면 등 뒤에서 찰랑거리며 걸음을 재촉한다. 그래도 친구들과 빙수라도 나누는 즐거운 시간에는 옆자리에서 조용히 기다려줄 줄 안다.

핼러윈데이에 태어났다는 이 아가씨는 속마음을 감추고 살았던 내 어린 시절과는 달리 자유분방하고 솔직하다. 잘생긴 남자를 좋아하고 연애소설을 즐겨 읽고 락교를 좋아하는 입맛이 나를 만난 듯 반갑기도 하다. 절친이자 경쟁자인 마이멜로디와 나누는 대화와 노래를 들으며 손자에게 가고 싶은 할머니, 마음 한 자락 동심으로 돌아간다.

며느리가 보내준 손자의 첫 사진을 보던 날 마냥 행복했다. 시도 때도 없이 들여다보았다. 손자를 맞이하기 위해 에어컨을 사들이고 색종이 접기를 부지런히 배웠다. 색색으로 만든 개구리를 예쁜 바구니에 담아두고 팽이를 만들었다. 가을이면 도토리도 모으고 솔방울도 상자 가득 채웠다. 길 잃은 매미 한 마리도 하얀 조가비에 올려 두었다. 커다란 갈참나무에 깃들어 사는 곤충들과 버섯의 얘기들도 모았다.

추석, 고모네 가족까지 모인 자리. 빙 둘러앉아 즐거운 담소를 나누는데 기저귀가 빵빵한 엉덩이를 실룩거리며 기어가더니 검지를 올리며 사과를 향해 "사과 애플."을 낭랑하게 연발한다. 얼마나 신통하고 귀여웠는지, 야구장에서 홈런을 날린 타자에게나 보낼 함성과 박수가 일시에 터졌다.

망포역 6번 출구로 계단을 오르면 우체국을 지나 야트막한 언덕길 사이로 놀이터가 보인다. 계절 따라 몇 번을 왔던가. 외국 연수차 떠난 며느리의 빈자리를 채우려 언덕에 쌓인 낙엽을 밟으며 오르는 길, 연인을 만나러 가는 여인네 발걸음이 그러했을까. 기대와 설렘으로 넘쳐흘렀다.

햇살이 좋아 어딘가 나가고 싶어 하는 아이의 손을 잡고 지하철을 탔다. 백화점 옥상에 작은 정원이 기억나 물레방아 아래 노니는 금붕어를 보여주고 싶었다. 수초와 금붕어와 물레방아를 배경으로 아이의 옆모습을 카메라에 담았다.

엄마가 귀국하는 날. 할머니 앞에서 한 번도 엄마 보고 싶다고 보챈 적 없던 아이, 얼마나 귀를 기울였을까, 벨소리에 벌떡 일어나 문을 연다. 그리고 엄마의 허리를 잡고 쏟아내던 눈물. 엄마의 사랑을 알기에 긴 기다림도 내색 없이 이겨냈는가 보다.

그간의 얘기를 며느리에게 들려주었다. 백화점에서 오줌 마렵다는 아이 손을 잡고 여자 화장실로 들어가려 했더니 아니라며 혼자서 남자 화장실로 들어가 일을 보고 씩씩하게 나오던 기특한 모습, 편의점 앞 벤치에 앉아 우유와 빵도 맛있게 먹고 처음 만난 여아에게 다가가 함께 놀자던 의젓함이 할머니에겐 경이로움의 연속이었음을 며느리에게 전했다.

이제는 동생이 태어나 오빠라는 호칭도 받게 되었다. 사촌 동생과 함께 셋이 어울리는 날이면 멋진 놀이터를 안내하고 킥보드를 타고 가면서 차 조심도 시킨다. 땀을 뻘뻘 흘리며 보호자가 된다. 스케치북에 그리는 그림은 아무리 보아도 천재 화가다. 남 보기에 아무렇지 않은 일도 할머니 눈에는 별일이 된다.

새로 난 앞니가 개구쟁이 같다. 봄날에 막 태어난 병아리처럼 귀엽던 모습이 이젠 털갈이를 시작한 병아리다. 어미 품을 파고들던 시절이 지나고 혼자 설 시기인가 보다. 이제는 게임기 앞에 앉으면 할머니 얘기에는 관심이 없다. 쿠로미는 잘 있다고 들려주어도 별다른 반응 없이 눈길을 돌린다.

컴퓨터를 열면 물레방아를 배경으로 찍었던 아이의 옆모습이 첫 화면에서 기다린다. 밀짚모자 아래 볼이 탐스러운 아이, 차가운 모니터를 쓰다듬어 본다. 그 옛날, 광주로 내려가는 할머니를 전송하며 택시 앞에서 눈물 닦던 손자의 모습이 떠오른다. 귀여운 쿠로미를 선물로 받은 할머니가 이 세상에 또 있겠느냐고 자신을 다독인다.

베란다에 꽃이 핀다. 아마릴리스가 피어나고 눈이 내릴 즈음이면 포인세티아가 피어나리라. 손자가 오는 날 일제히 피어나면 좋겠다.

오랜만에 내려온 손자는 키가 부쩍 커졌고 통통했던 볼이 갸름하게 변하였다. 신발 벗기가 바쁘게 손자의 가방에서 쏟아져 나온 선물. 쿠로미 키링과 무지갯빛 지우개 두 개를 내 손에 담아 주었다. 초등학생 필통에 담아야 할 지우개를 팔십이 가까워지는 이 할머니에게 선물한 손자는 마냥 흐뭇한 표정이었다.

〈풍경〉 안재림(수채화)

그리워라

 아침 일찍 콩나물 사러 가는 길. 바구니 두 개를 챙겼다. 20원어치 사는데 바구니 하나에 10원어치씩 두 개를 받는다. 한 바구니에 받는 것보다 나눠 담으면 한 줌이라도 더 받을까 싶어서다. 아주머니는 커다란 항아리에서 잘 자란 콩나물을 쑥쑥 뽑아 큰 바구니에 담아 체를 치듯이 몇 번 흔들어 콩깍지를 걸러 주었다. "두 집 치여요." 바구니 두 개를 내밀기에 부끄러워 어른들이 일러준 대로 앵무새처럼 외웠다.
 콩나물은 식구 많은 집에 유일한 반찬이자 국거리다. 알맞게 삶아서 조금은 무침으로 반찬이 되고 나머지는 국이 된다. 소꿉놀이 친구 상국이가 우리 밥 먹던 날, 콩나물무침이 너무 맛있더란다. 엄마에게 "우리도 그 콩나물 반찬 먹자." 했었나 보다. 상국이 어머니는 울 외 장아찌를 선물로 보내왔다. 입안에서 사르르 녹는 새콤달콤한 맛, 처음 맛보는 귀한 반찬이었는데 상국이는 마다하고 우리 집밥을 먹고 싶어 했다.

상국이네 집은 대문에서 한참 들어가면 본채가 있다. "상국아 노올자." 부르면 들리지 않는 집, 대문 위 오른쪽으로 손을 넣어 줄을 잡아당기면 줄에 엮어놓은 종이 울리고 누군가 대문까지 나와 문을 열어준다. 한 발씩 징검돌을 건너 들어가면 정원 한쪽에 우물이 깊고 우물 속엔 수박이 긴 줄을 타고 내려와 시원하게 몸을 담그고 있었다. 본채에는 서재가 정원을 향해 창이 커다랗고 잘 닦여 윤이 나는 마루에 앉아서 상국이가 읽던 책, 『알프스의 소녀 하이디』를 만났다. 상국이 어머니는 볕이 잘 드는 아래채 마루에 앉아 늘 책을 보셨다. 흰 무명 저고리에 검정치마, 그리고 곱게 빗어넘긴 머리채는 쪽을 지셨다. 경상도 억양이 섞인 음성은 노래를 부르는 듯 리듬을 타고 눈가의 미소는 늘 따뜻하였다.

설이 가까워지면 길 건너 맞은편 방앗간은 밤을 새워 통통거리고 그 소리에 잠 못 들어도 아무도 시끄럽다는 불평이 없었다. 긴 떡이 하얗게 줄줄 흘러 내려와 물속으로 풍덩 빠지면 길이를 맞춰 바구니에 건져지고 침을 꼴깍 삼키며 기다리노라면 마지막 한 덩이 말랑하고 찰진 그 꼬랑지는 우리 아이들 차지였다.

방앗간 할아버지 하얀 수염은 산신령처럼 길고 신비했는데 막걸리 한잔 드실 때면 그게 어떻게 입으로 들어가나 궁금했었다. 설날이면 깨끗한 새돈으로 세뱃돈을 준비해 주시니 할아버지께 세배가 끝나면 불나게 달려가는 곳이 상국이 집이다. 빨간 돈 일 원짜리로 해 질 녘이면 주머니가 가득 차고 누가 더 많이 받았나 눈가늠해 보며 행여 빠진 집이 있었나 손을 꼽아 보았다.

앞집 오째는 아들만 내리 다섯을 낳아 오째라 부른다. 아침 일찍 일어나 달려가도 감나무 밑에 떨어진 감들을 먼저 주워 가버리니 미울 수밖에, 늘 코밑에 노란 콧물을 매달고 다녔다.
"오째 XX 오XX, 오동나무에 걸려서 오도 가도 못하고 털레털레 털 XX."
만만해 보였던 것인가. 떫은 감 우려내는 항아리가 텅 비면 귀 아프게 놀려 댔다. 사흘 우리면 씹을 짬도 없이 달큰하게 삼켜지는 그 맛, 비가 오고 바람이라도 부는 날이면 또 우수수 떨어질 텐데 그날은 꼭두새벽에 달려가리라. 향나무 세 그루 집 앞을 지키고 그 아래 기다란 나무 의자에 앉아 밤이면 노래를 불렀다. 그 시절엔 은하수도 눈이 부시게 흘렀는데…

버스를 타고 문화의 전당 앞을 지난다. 여기 언저리였으리, 내가 태어난 집, 그리움의 집이 있던 곳. 뒤란을 돌아서면 철봉도 있었고 평행봉도 있었지. 포도나무 한 그루, 주렁주렁 열리던 송이마다 보랏빛으로 물들기를 손꼽아 기다렸는데. 할아버지는 내 단발머리를 가지런히 손질해 주며 머리숱이 많으면 미련하다고 하셨다. 정작 그 숱 많은 머리칼은 할아버지 당신을 닮았는데 왜 모르셨을까. 겨울 아침이면 유리창에 얼음꽃이 피었다. 그 얼음꽃은 신기하게도 『아라비안나이트』에 나오는 궁전의 무늬처럼 파도를 그리기도 하고 넝쿨처럼 이어지기도 했다.

집 앞을 지나던 두부 장수의 종소리, 그가 오면 우리는 돌차기 놀이를 하다가 길을 비켜주어야 했다. 약간 절룩이던 그의 걸음은 긴 그림자를 뒤로 남기며 늘 쓸쓸한 석양을 몰고 왔다. 내가 닮고 싶었던 상국이 어머니는 심장마비로 세상을 뜨셨다는 슬픈 소식을 오랜 세월 흐른 뒤에야 남의 얘기처럼 무심히 주고받았다. 하얀 무명 저고리에 기대고 싶었던 날, 작은 방울로 매듭지어진 저고리 단추만 바라보던 그날의 기억이 이렇게 생생한데, 의사가 된 형이나 누나와 달리 상국이는 새엄마에 정들이지 못해 어렵게 산다는 얘기만 전해왔었다. 초라하게 변했을 그의 모습을 상상하며 우리의 그리움은 지워지고 있다. 흔적 없이 내 어린 날의 풍경은 사라졌다. 그러나 기억 저 아래 뿌리처럼 남아있는 그리운 사람들은 변함없이 나를 그 시절에 머물게 한다.

훗날 집을 짓는다면 가장 아름다웠던 그 집을 지으리라. 줄을 당기면 종이 울리고 대문이 열리면 징검돌을 건너 정원을 지나고, 맑은 샘물이 넘치는 정원이 내려 보이는 곳에 서재를 만들고, 그곳에 머무는 할머니는 쓸쓸하지 않으리. 깔깔한 새 돈으로 세뱃돈을 준비하고 기다리는 세월은 나이 듦도 두렵지 않으리라.

 어린 시절 물통 하나로 소풍날 티격태격 싸우던 한 살 아래 이모가 막둥이 아들 결혼을 앞두고 전화가 왔다.
 "결혼식 날 꼭 한복 입고와."
 언젠가는 그리움의 시간이 될 그날을 위해 장롱의 한복을 꺼내어 본다.

기억을 추억해 봐요

　송정역에서 출발하는 기차는 오후 세 시. 한 시간여 여유를 두고 중간에 있는 양동역에서 내렸다. 시장의 채소전을 지난다. 붐비는 사람들 사이로 시금치를 사는 두 여인의 모습에 눈길이 간다. 돈을 건네는 중년 여인 옆에 채소를 받아 든 젊은 여인. 엄마와 딸인 듯한 모습에 불현듯 부럽다는 생각이 든다. 내게 저런 시간이 있었을까? 어머니와 다정히 손잡고 장터에 나간 기억이 없다. 평범한 일상의 모습이지만 내게는 영원히 잡을 수 없는 신기루 같은 풍경이었다.
　장이 끝나는 길목에는 보기에도 썰렁한 건물이 큰길을 향해 있다. 아래층은 입주 안 된 상가라 그런지 찬바람 속에 쓸쓸하다. 여기 사 층에 어머니가 머무는 병실이 있다. 어머니 뵈러 간다지만 마음도 손도 텅 빈 채 가슴이 무겁다. 보따리 가득 채워 병실을 찾던 날엔 곁에 앉아서 얘기라도 나누었건만 호스로 음식을 넣어주고 수액으로 건강을 이어가는 날이 여러

달, 곧 이별의 날이 올 거라 예상했다. 휠체어에 앉아 면회실로 들어오는 모습, 고개는 한쪽으로 기울어져 그동안 너를 기다렸다는 애절함도 보이지 않는다. 초라한 담요 아래 비죽이 나온 맨발이 추워 보인다. 발목을 감싸고 내가 누구냐고 물어도 마지못해 뜬 눈은 귀찮다는 듯 금방 감아버린다. 따뜻한 물에 수건을 적신다. 등이라도 닦으며 어머니에게 손길을 준다. 해줄 수 있는 일은 이것뿐이다.

"아, 시원해라."

어머니 입에서 의외의 감탄사다. 나도 느낄 줄 안다고 소리 지르는 것 같다. 흡사 갓난아이의 입에서 엄마라는 첫소리를 들었던 때처럼 감동이 인다. 의사 표현이 불가능한 상태는 아니라는 생각에 답답하던 가슴이 뻥 뚫린다. 딸을 몰라봐도 좋았다. 아직은 살아있음이다. 천장만 바라보고 누워있는 날들, 오죽 그 등이 답답하고 가려웠을까.

서울로 가는 기차 안에서 어머니의 건강 상태를 친지들에게 알렸다. 어머니와 마주한 면회 시간, 길어야 십여 분, 그 짧은 시간에 엄마의 건강을 얼마나 알았을까마는 아직은 어머니를 잊지 말아 달라는 애원이 한구석 남아있다. 서편에 노을이 진다. 저 물드는 구름 따라 어머니 영혼이 떠나는 날, 그날에야 서럽게 울지라도 지금은 혼자 있으면 안 되는 손자에게 달려가야 한다.

아이는 다섯 살. 내 어머니와의 사이에 구십 년의 세월이 흐르고 있다. 어머니는 나를 향해 있고 나는 딸아이를 향해 있고 딸아이는 아들을 향해 손을 내민다. 등 돌려 마주해 주지 않는 자식들, 외로움에 지친 세월, 다리는 무겁다. 어머니의 마른 손이 허공에서 무너져도 딸아이가 일터에 가는 시간 그 빈자리를 지켜주기 위해 나는 어머니를 외면한다.

밤이 되면 아이는 엄마를 기다린다. 내일을 위해 일찍 잠들자고 토닥여도 엄마가 와야 잔다고 떼쓴다. 아이는 엄마를 기다리고 할머니도 엄마를 기다린다. 이런 날은 할머니도 아이가 된다.

한번 말해서 못 듣는 어두운 귀, 손자의 유아 발음엔 목을 내밀고 귀를 쫑긋 기울인다. 고개를 끄덕여도 반은 짐작이다. 오늘은 무슨 말을 했던가, 내 귀를 의심했다. 마주 앉아 로봇의 변신을 시도하는 중이었던 것 같다.
"안이야 뭐라고 했어?"
"기억을 추억해 보세요."
이런 단어를 구사하다니? 한 번도 이런 문장을 써 본 적 없어 문장의 구성이 맞나 의심스럽기도 했다. 자꾸 반복해 보니 틀린 말은 아닌 것 같았다. 우리 나이가 되면 추억을 먹고 산다는데 어제 일은 깜빡거려도 먼 옛날의 기억은 영화 필름처럼 생생하게 다가온다. 만나는 사람은 줄어들어도 그리운 사람은 늘어간다. 그리움이 하루를 이루고 하루를 지탱케 한다. 아이가 말한 추억의 의미가 다를지라도 나의 추억은 그날부터 생생하게 다시 살아난다.

창원으로 출장 간 딸아이, 귀가 시간이 늦어지리라 예상하며 아이와 나란히 앉아 만화를 보았다. 갑자기 아이의 손이 내 시야를 막는다. "할머니 보지 마세요." 고개를 자꾸 밀어낸다. 왜 그런가 했더니 화면에 인어공주가 비키니 복장으로 화려하게 유영하고 있었다. 이성에 끌림이 부끄러웠던가 보다. 아직 어린애라 생각했는데 감추고 싶은 생각도 있었나 싶어 귀엽기도 하였다. 아이가 성장하여 이성을 부끄럽지 않게 만나는 날 그때 몇 살이 될까. 이십 년 후라면 스물다섯, 내 나이 구십오, 지금 내 어머니 나이다. 내가 살아서 그들의 모습을 볼 수 있을까.

제 자리로 돌아온 지 보름, 남편의 저녁을 준비한다. 아이가 즐겨 먹던 생선구이가 식탁에 오른다. 내가 없어도 누군가의 손길이 숟가락에 고기를 얹어 줄 텐데 마음은 자꾸 아이 곁으로 달려간다. 사과를 깎아 반찬처럼 먹는다. 새콤하고 아삭 씹히면서 아이가 느꼈을 맛, 추억해 본다.

어머니에게 메시지를 보낸다. 폰이 없어도 받을 수 있는 사연을.

"어머니, 안이가 이제 여섯 살이 되어가요. 지난겨울 제게 선물을 주었어요. 어머니께도 전해 드려요. 우리 서로 이별이 온다 해도 추억 안에서 함께 해요. 거기서는 엄마도 젊고 저도 젊어요. 북경의 밤거리도 다시 가고요. 셋이 나란히 발 마사지 받던 날 기억해요? 삼대가 닮았다 했지요. 너덜경 붉은 철쭉 꽃길도 다시 걸어요. 어머니가 만들어 주던 부꾸미도 먹고 싶어요. 시민회관 무대에서 선보이던 춤도 함께 해봐요. 어머니는 늘 앞자리 가운데를 차지했지요. 우리 기억을 추억하며 살아요."

〈바퀴벌레와 드래곤과 몬스터〉 이안

"어머니, 안이가 이제 여섯 살이 되어가요. 지난겨울 제게 선물을 주었어요. 어머니께도 전해 드려요. 우리 서로 이별이 온다 해도 추억 안에서 함께 해요. 거기서는 엄마도 젊고 저도 젊어요. 북경의 밤거리도 다시 가고요. 셋이 나란히 발 마사지 받던 날 기억해요? 삼대가 닮았다 했지요. 너덜겅 붉은 철쭉 꽃길도 다시 걸어요. 어머니가 만들어 주던 부꾸미도 먹고 싶어요. 시민회관 무대에서 선보이던 춤도 함께 해봐요. 어머니는 늘 앞자리 가운데를 차지했지요. 우리 기억을 추억하며 살아요."

난 제비가 좋아

　제비도 부잣집을 좋아했었나. 선순이네 기와집 처마에는 제비가 둥지를 틀고 늘 재재거린다. 울 할머니네 처마 아래는 봄빛도 따사한데 아이들이 모여 재잘거린다.
　"왜 우리 집엔 제비가 안 와."
　"똥 싸고 성가셔야. 벌레 물어 와 싸코."
　할머니 대답에 손녀의 성화는 쉽게 포기할 것 같지 않다. 이 낮은 처마에 제비가 집을 지었다면 개구쟁이들이 가만두지 않았을 것이다. 어미를 향해 새끼들의 입이 함빡 열리는 모습도 신기하고 처마 밑에 지어진 집도 신기하다. 저 조그만 새가 어떻게 저런 집을 지을까. 두 손에 안아 보고 싶기도 하고 햇살 포근한 토방에 앉아서 함께 놀고도 싶은 것이다. 어쩌면 박 씨 한 알 물어다 줄지도 모르는데 말이다.
　박 하나 터트려서 커다란 기와집도 짓고 박 하나 터트려서 쌀도 쏟아져 나오고 아궁이 불 때는 장작도 가득가득 쌓이면 할아버지 방에 조그만 토기 화로도 숯불 화끈한 놋쇠 화로로 바꿔드리고 보리쌀 고만 먹고 하얀 쌀밥 고슬고슬 맛있게 먹을 텐데…. 똥 싸는 것 그게 왜 성가실까. 할머니는 너무 깔끔하고 까다롭다. 그래서 복이 없다고 쑥덕거리던 옆집 할머니 말씀이 맞다고 고개 끄덕여 본다.

이젠 기와집 지어줄 제비를 꿈꾸는 어린아이가 아니고 쌀밥 먹는 부자 부럽지 않은 세월이 흘렀다. 오히려 보리에 현미를 넣어 뱃살 빠지기 위한 고행을 선택한다. 그러면서도 변함없이 한 마리 제비를 꿈꾼다. 꼬리 깃털이 긴 매력적인 제비. 매끈하고 민첩한 물 찬 제비. 푸른 하늘로 높이 치솟다가도 금방 물 위를 스치는 그 놀라운 비행 솜씨. 제비는 가슴을 뛰게 하고 봄날의 꽃 잔치를 성대하게 내 앞에 펼쳐준다.

"사모님 함께 하실까요."

내게 다가온 그 제비. 정중하게 허리를 굽히며 손을 내민다. 깔끔하게 빗어 넘긴 매끈한 머리. 머리카락 한 올 흐트러짐이 없다. 조명은 어둡지만 준수해 보이는 콧날. 망설임 없이 손을 잡는다. 음악은 조용하고 부드럽다. 잡은 손의 따뜻함이 경직된 마음도 몸도 풀어지게 한다.

제비는 새벽 일찍 일어나 물가를 찾는다. 부지런히 깃털을 다듬고 기름을 바른다. 새의 아름다움은 깃털이다. 반짝이는 깃털은 비에 젖지 않고 하늘 높이 나를 때 공기의 저항을 줄인다. 모두 잠든 시간에 깨어나 자신을 위해 노력한다. 짝을 행복하게 하려는 노력이기도 하다.

베란다 창문을 열고 청소한다. 화분에 쌓인 낙엽도 걷어내고 시든 잎들도 잘라준다. 물 줄 때면 화분 아래 쌓이는 흙이 바닥을 더럽힌다. 그것들이 눈에 거슬려 오늘은 맘먹고 청소를 시작한다. 화분 하나 자리를 옮길 때마다 허리가 불안하다. 이러다 한 사흘 구부리고 다닐지 모른다. 이럴 때 함께 거들어 주면 얼마나 좋아. 일없는 남편은 눈치도 염치도 없다. 컴퓨터 앞에 두고 열심히 게임 중이다. 도와 달라는 신호를 보내면 화분을 전부 없애라는 답이 온다. "오! 하늘이시여…"

우린 서로의 눈을 맞추며 대화를 한 적이 있었던가. 계절이 바뀌면 마누라 봄옷 한 벌 권한 적 있던가. 술 친구를 더 좋아하고 여행길엔 마누라 선물은 뒷전인 사람. 어쩌다 못 알아듣고 다시 질문하면 두 번 대답이 싫어서 짜증 내는 사람.

유일한 복수는 내가 먼저 죽는 것이다. 당신 혼자 남아 살아 봐야 한다고, 나 없는 세상에서 혼자 쩔쩔매며 살아보라고. 마누라 소중한 줄 그때나 알려나. 통쾌한 복수? 그것만으로는 뭔가 부족해, 억울해. 우리 나이에 제비 한 마리 키우는 여자는 성공한 여자라고 웅변한다.

더딘 내 발걸음에 보조를 맞춰주고 내 귀가 긴장해야 알아

듣는 것 타박하지 않는 사람. 재미없는 긴 얘기 귀 기울여주며 맞장구치고 내가 사랑받고 있다고 느끼게 하는 사람. 시녀처럼 뒷바라지에 길든 나를 눈가에 주름도 예쁘다며 우아한 여왕의 자리에 앉혀주는 사람. 아무도 없을 때만 가만히 불러보던 노래. 함께 부르며 화음을 맞춰주는 다정한 사람. 반짝반짝 빛나는 그를 보며 봄이 내 곁에 이미 와 있음을 눈치챈다.

여름이 가고 가을이 오면 먼 길 떠날 나그네새. 그래서 그를 제비라 부르는가. 사랑스럽지만 내내 함께 머무르지 못할 운명. 아니 동화 속의 행복한 왕자님처럼 보석으로 이루어진 몸을 조금씩 떼어주면 떠나지 못할까.

비바람을 피해서 사나운 천적을 피해서 안전하고 편안한 휴식처로 내 처마 밑에 깃든 제비. 우리는 서로 사랑해야 한다. 겨울을 나기 위해 먼 길 떠나는 그날이 와도 박씨 한 알 물고 다시 찾아올 봄의 기다림이 있다.

나는 늘 제비를 꿈꾼다.

내 남편도 누구에겐 제비처럼 사랑스러울지도 모르는데.

나는 네 봉이다

붉은 덩굴장미가 울타리에 가득할 즈음이면 보고 싶은 친구가 있다. 뻗어가는 가지를 주체 못 해 땅바닥까지 점령해 오던 장미의 생존력은 안주인 그 친구를 닮았다. 순수하면서도 열정적인 그녀가 사는 햇살 가득한 그 집이 좋아 부러웠다. 그 꽃을 보면 웃음이 절로 나오는 일은 나를 찾아오던 친구의 모습 때문이다.

"꽃이 피었겠네."

안부 전화에 다음 날 양손을 모아 꽃을 앞으로 받들고 오는 모습이 얼마나 순박해 보였는지. 흡사 사랑하는 여인에게 프러포즈하는 남자 같았다.

그녀는 우리에게 오징어로 불리었다. 다섯 친구 중 유별난 그의 모습은 늘 뒷담화의 주인공이었다. 추운 겨울에도 맨발을 좋아하고, 어깨에 멘 가방은 아무래도 손녀가 쓰던 가방이다. 신발 벗는 식당에 들어갈 때면 준비해 온 비닐봉지에 신발을 싸서 식탁 아래 보관한다. 전화를 해서 이 노래 들어보라고 들려줄 때면 설거지하던 고무장갑을 벗지도 못하고 끝까지 들어 주어야 했다. 첫사랑과 결혼한 행복한 부부인데도 한결같이 슬픈 이별의 경험자처럼 애절한 노래다. 어쩌다 소식이 뜸하면 무심하다고 몇 날이 지났느냐고 손꼽아 보라며 며느리 나무라는 시어미 같다.

첫아이를 낳고 결혼식을 올리게 된 그녀를 위해 나는 아이를 돌봐주어야 했다. 요즘이야 혼전 아기는 혼수 선물이라 하지만 그 시절은 감추고 싶은 이야기다. 아이는 배가 고파 울었다. 미장원 의자에 앉아 젖을 물렸다. 촉감이 달랐는지 맛이 달랐는지 정신없이 빨다가도 얼굴 한 번 쳐다보고 눈물 한 번 터트린다. 엄마의 갸름한 얼굴 대신 너부데데한 얼굴이 내려다보니 누구냐고 묻고 싶었을지 모른다. 아무래도 엄마 냄새와는 달랐을 것이다. 그래도 배가 고팠는지 다시 젖을 물었다. 내 딸아이를 출산한 지 얼마 안 된 날이어서 가능한 일이었다. 벌써 오십 년이 흐른 세월이다.

앞이 안 보이게 세찬 비가 내리던 날이었다. 날씨만이 아니었다. 세상이 캄캄하게 슬픈 날이었다. 아무에게도 풀어 놓을 수 없는 아픔에 밤을 새웠다. 멈추지 않는 눈물 감출 수 없어

머리가 아프다 했다. 보이고 싶지 않은 이 슬픔, 그 친구라면 부끄럽지 않을 것 같았다. 옷이 젖어가며 집 앞에 나와서 기다려 주던 그, 지금 돌이켜보면 나는 얼마나 모자란 철부지였는가.

우리는 종종 서로의 집에서 출발하여 중간 지점에서 만나 산책을 하였다.

"그 강아지풀 있는 곳에서 만나자."

숲길도 공원길도 아닌 곳, 바람에 살래살래 흔들리는 강아지풀을 보면 위안이 되었다. 젊은 날의 얘기지만 서로의 깊은 속내를 나눌 수 있는 시간은 아무에게나 주어지지 않는다.

이젠 건강을 걱정하며 소식을 나눈다. 예나 지금이나 변치 않는 것은 그녀의 얘기를 오징어 발처럼 오물오물 씹는 맛이다. 지금 사는 아파트로 이사 온 지 십 년이 넘었다. 혼자서는 못 찾아오는 그녀, 몇 번 버스를 타야 하는지 자세히 알려준다. 아파트 앞에 와서도 호수를 잊어버려 올라갔다 내려왔다 헤매다 급기야는 이 아파트 무너지라고 욕을 해댄다. 자기 집에 가면서도 번호를 몰라 버스가 올 때까지 기다려 주고 어디서 내리라고 알려준다. 버스 토큰도 챙겨준다.

"내가 네 봉이다."

장난스럽게 한 마디 던졌는데 그녀는 정말 든든한 봉이라도 둔 양 환하게 웃었다. 언제든지 저를 지켜줄 사람이라고 믿는 모습이다.

어느 날 그녀가 어린 시절 얘기를 내게 들려주었다. 오랜만에 집에 돌아온 엄마가 잠들면 저고리 고름을 제 손가락에 칭칭 감고 잠들었단다. 아침에 일어나면 사라져 버린 엄마, 언제 또 올지 알 수 없는 긴 이별, 안타까워 못 가게 하려는 어린 아이의 아픈 얘기였다. 그 때문인지 집착이 강했다. 그녀 앞에서는 다른 친구에게로 가는 애정은 보이지 않아야 했다.

"네가 내 친구라는 게 자랑스러워." 전화로 들려주는 그녀의 목소리, 못마땅한 짜증을 가끔 그녀에게 냈지만 나를 자랑스럽게 생각하는 친구가 몇이나 있을까. 오랜 세월에 못난 구석도 보여준 터, 눈감아 주고 감싸주는 그 마음이 고맙다. 행여 자랑스럽지 못한 친구가 되어도 내 편에 서서 용감하게 싸워줄 거라는 든든함에 변함없이 피어나는 덩굴장미를 보면 그녀를 만난 듯 그지없이 반갑다.

어버이날 우리끼리 만나서 자축하자 약속했다. 점심 메뉴를 갑오징어 무침과 가오리무침으로 예약했는데 그녀가 날것은 좋아하지 않는다는 생각이 퍼뜩 난다.

어쩌랴 그 짜증을 받아줘야 하니 뾰족한 가시까지 견뎌야 하겠구나.

시집 보내기

 애지중지 키워서 누구에겐가 짝을 맺어 보낸다는 일, 어느 시기가 되면 당연한 일이다. 보내는 사람은 아쉬움에 눈물도 흐르겠지만 부모 그늘에서 벗어나지 못하는 자식은 지켜워질 때도 있다.
 결혼 적령기가 옛날과 다르다. 섣달도 그믐이 가까워지면 해를 넘기지 않으려고 처음 얼굴 본 지 이레도 안 되어 우당탕 혼사를 치르기도 했던 우리 어머니 시대도 있었다. 요즘은 적령이 따로 없다. 연분을 만나는 날이 바로 그날이다.
 청춘의 정점에서 가장 아름다운 관계를 맺어 주고 싶은 부모 마음 몰라라 한눈팔더니 눈가에 생긴 잔주름 나이를 감출 수 없었다. 마음 바꿔 포기하려 했더니 뜬금없는 등장인물 손잡고 찾아온 우리 딸. 그래도 건강한 손자 순산하여 안겨주었을 때 시집 잘 갔구나 응원해 주었다.
 달포 전 또 하나의 혼사를 이루었다. 혼사라 하기보다는 이

불로 돌돌 말아가는 보쌈 같았다. 베란다 화분 사이에 돌하르방 한 쌍이 있었다. 제주도 어느 바닷가에서나 만나야 할 석상이다. 봐주는 이 없어 늘 쓸쓸했다. 화초에 물 주는 날이면 시원한 물줄기로 몸을 적서 주지만 고향의 갯내음이 그리웠는지 늘 버석하게 마른 빛깔로 생기가 없었다.

시골 한 카페의 젊은 주인이 비닐 뽁뽁이로 돌돌 말아 안아갔다. 넓은 정원의 잔디 위에 편안한 모습으로 나란히 선 모습이 사진으로 실려 왔다.

"시집 잘 갔네."

거실 한편을 차지하던 음반을 트럭에 실어 보냈다. 새 주인은 젊은 사업가. 담양에서 방향제를 생산하는 공장을 운영한다며 분홍빛 향기 몇 개 선물로 건네주었다. 자그마한 키에 부지런해 보이는 모습이 이 음반도 잘 관리해 주리라 믿음이 갔다. 사십여 년 모아오던 내 세월이 담겨있는 이것들, 아침저녁을 가리지 않고 집안을 울려 어른들에게 미움도 받았던 노래들이다. 월급의 한쪽을 떼어 매월 할부로 사들인 클래식 음반은 한 번도 세상 구경을 못 한 불쌍한 녀석도 있었다. 언젠가 멋진 음악 카페를 만들겠다고 이 나이까지 꿈을 꾸었다. 다른 이의 손길에서라도 그 꿈 이루어지라고 떠나가는 트럭 뒤에서 손을 흔들었다.

사촌에게서 전화가 왔다. 싸이나 BTS 시디를 구하고 싶다고. 사춘기에 접어든 친구의 딸 부탁이란다. 시디가 모인 선반을 뒤적여 2014년도 BTS 수첩과 함께 〈상남자〉라는 노래가 두 번째 들어있는 시디를 찾았다. 싸이의 음악도 이제야 그의 진가를 알겠다. 〈강남 스타일〉로 세계적인 스타의 대열에 오르기까지 미처 몰랐던 그의 내면을 들여다보게 되었다. 이전에 만들어진 앨범의 만화를 보면서 타인의 눈길에 연연하지 않는 그의 기발한 생각을 마주하게 되었다. 한쪽 구석에서 십년 가까이 손길 한번 받지 못하고 박혀있던 것, 누군가의 부름에 세상에 내보내려 하니 이제는 남 주기 아까워 이리저리 뒤적여 본다.

시디의 사인을 보면서 지금과 다른 옛날의 그들을 비교해 본다. 이 앨범이 내 손에 들어온 시절에는 누군가의 그늘에 가려져 화려하게 치장한 모습마저 가여워 보였다. 대중의 사랑을 얻고자 많은 날을 어려운 손짓, 발짓으로 밤을 새웠으리라. 그러다 이름 없이 사라지는 별은 무수히 많았다. 그 시절 소녀들은 '엑소'의 눈빛 하나에 책가방을 던져버리고 공연장의 좌석 하나를 얻기 위해 아버지의 가난한 주머니도 털어내는 철부지였다.

엑소에 열광하던 세대는 이제 철이 들었고 새로이 밀려오는 세대를 위해 나는 시디의 먼지를 닦는다.

끊임없이 많은 시디를 구웠다. 노래를 선물한다는 건 시간을 함께 나누길 바라는 마음 한 자락 담겨있다. 누군가는 닳도록 들어주고 누군가는 받은 기억조차 없이 살기도 한다. 믿었던 친구와 나들이 가는 날, 응당 그 노래가 차 안을 울리리라 기대했던 날, 귀에 설어 불편한 트로트만 빼곡히 녹음되어 나온다. 서운하다는 말 한마디 건네지 못하고 행방 묘연한 내 새끼들이 궁금해진다.

아들에게 딸에게 문자를 보낸다. 엄마가 보관하는 이것들 너희들에게 주고 싶은데 답 주렴. 발송된 문자 옆에 노란색 1이 없어진 걸 보니 확인은 했는데 답이 없다.

커다란 가방에 나눠 담는다. 애지중지 키운 것이 어디 자식뿐이랴. 어디라도 사랑 주는 이에게 가거라. 떠나보내고도 행복하리라 믿어본다.

비거스렁이 바람결에

■ 그

 뮈가 그리 급했을까요. 거짓말처럼 한밤 새고 나니 서늘한 가을입니다. 길었던 폭염, 작별의 말도 없이 떠나갔네요. 가실 때는 그래도 안녕이라는 말 한마디 남기는 것이 인정 아닌가요. 먼 옛날 이른 새벽, 희다 못해 푸른빛 감도는 옥양목 치마 저고리에 붉은 댕기 머리 땋아 올리고 백로(白露) 신작로로 홀연히 떠난 임처럼 매정하기 짝이 없네요. 그날의 뜨거웠던 정염의 순간도 일편단심 작심했던 굳은 언약도 부질없는 백일몽인가요. 다시 온다는 일말의 언약 주실 줄 알았는데 남겨진 사람 안쓰러워 눈물 바람일 줄 알았는데 그렇게 무심하게 갔네요.

■ 나

 또 한 계절이 가나 봅니다. 한 번쯤 가던 길 멈추고 보내지 못하는 마음 돌아봐 주길 바랍니다. 뜨거운 햇살 아래 더 여물어야 할 씨알들이 남아 있습니다.

■ 그

여기는 닷새째 비가 내리고 있습니다. 이 비가 얼마나 내리나 보고 있습니다. 모든 것은 제풀에 꺾임을 잘 알고 있기에.

■ 나

오려면 닷새쯤 오라 하지 않든가요. 그래도 빗소리가 그립습니다. 여기는 오는 듯 가버려서 그러나 봅니다.

■ 그

닷새쯤만이겠습니까. 시인의 가슴에는 늘 비 오고, 눈 내리고, 이슬이 맺히겠지요. 금방 왔다 가버리는 것이 인생 아니겠습니까. 뻔한 얘기라고 빗줄기가 헤실헤실 웃네요.

■ 나

오늘 아침 비거스렁이에 마음 한결 여유로워집니다. 모두가 사랑스럽게 보이는 날입니다. 가을의 문이 열려서일까요.
"멀리서 빈다. 가을이다. 부디 아프지 마라." 시 한 구절 빌려 옵니다.

■ 그

늘 아침저녁을 함께 한다면 멀리서 빌 일도 없겠지만 그리움도 없겠지요. 당신이 말씀하신 거리가 주는 축복이겠지요. 거리가 해결책일 수도 덜 서운할 개런티가 될 수도 있겠지만 시간이라는 피할 수 없는 숙명 앞에 늘 먹먹해집니다.

■ 나

그리움도 차곡차곡 쌓이면 밤새워 몇 채의 집을 지을 수 있는 이자로 불어나지요. 오늘은 연애소설의 한 페이지를 필사해 보고 있습니다. 책을 덮는 순간 지워지는 머리. 손으로나마 기억을 연장해 볼까 합니다.

■ 그

뭐든 기억하려 애쓰지 마세요. 순간 느끼면 되는 거지요.
〈리틀 포레스트(Little Forest)〉. 일본 원작은 못 보았는데 한국판 영화를 보았습니다. 사계의 영상미도 좋았고 김태리 배우의 청순미도 좋았습니다. 무엇보다 소확행의 잔잔한 전개가 편안했습니다. 그 언젠가 'Querencia(안식처, 피난처)'가 회자되었는데 투우장의 소가 지치면 막다른 죽음의 종착역에서 마지막 몸을 숨길 곳을 찾듯이 우리에게도 그런 편안한 저마다의 작은 숲속이 마지막 거처처럼 있기를 희구해 보았습니다. 곤충의 퀘렌시아는 나뭇잎 뒤편이고 두더지의 퀘렌시아는 땅굴 속 이겠지요. 사람의 퀘렌시아는 어디일까요. 닭살 돋는 표현일지 모르나 사랑하는 사람의 가슴이어야 할 텐데요.

■ 나

태풍 링링이 타이완에서 북상중이라 하네요. 예쁜 소녀의 이름으로 얼마나 많은 곳에 상처를 내고 허물어 놓고 갈까요. 지금도 강렬한 바람을 몰고 오는 태풍을 사랑하시는지. 비거스렁이 바람에 옷깃을 여미어도 풀숲에 깃든 귀뚜라미 울음에 쉬 허물어지는 밤입니다. 돌 하나하나 모아 무너지지 않을 성을 쌓아가며 저들과 함께 이 밤을 지새우려 합니다.

지금도 강렬한 바람을 몰고 오는 태풍을 사랑하시는지. 비거스렁이 바람에 옷깃을 여미어도 풀숲에 깃든 귀뚜라미 울음에 쉬 허물어지는 밤입니다. 돌 하나하나 모아 무너지지 않을 성을 쌓아가며 저들과 함께 이 밤을 지새우려 합니다.

〈무등산 자락〉 6F(유채화)

맨드라미 피고 지고

나는 나를 사랑한 적이 없다.
남이 나를 사랑해 주길 바라지도 않았다.
나는 나를 잘 아니까
키는 작고
얼굴은 넙데데
주근깨는 제멋대로
허리는 구별이 없고
다리는 짧고
이 모두 고쳐져야
사랑받을 자격을 얻을까나.
나도 나를 사랑할까나

맨드라미 피고 지고
흰 두루마기 노가수님 열창이
나를 깨우던 날

문득 생각난 엄마의 젊은 날
지독하게 빨갛던 맨드라미꽃
장독대 담장 곁에 허술하게 피던 꽃
그래도 귀족처럼 의젓하고 화려한 빛

엄마는 댕강 잘라
술에 담가 두었지
석양이 빨갛게 물드는 날이면
엄마도 빨갛게 마시던 석양

거울에 비쳐 보는
앞모습 옆모습
들어갈 곳이
나와야 할 곳이
바뀌어야 하는 그대로
그대로 사랑하자
나라도 나를 사랑하자
맨드라미 피고 지고
피고 질 그 세월에.

일흔 즈음에

 친정어머니 뵙고 돌아오는 길, 봄동 몇 포기 골라보았다. 한겨울 눈 덮인 밭에서 싱싱하게 잎을 펼치고 있는 기운은 대단하다. 겉잎 몇 장은 삶아서 멸치 우린 다시 물에 된장국을 끓이고 나머지 연한 잎은 쌈장에 곁들이니 아삭하게 씹히면서 달큼한 맛이 입맛이 돋는다. 봄이 저만치서 금방 달려올 것 같다. "고기보다 맛이 좋다."는 옛시조의 한 구절은 이런 맛을 알았음이리라. 어머니는 질경이를 말렸다가 나물로 해주셨고 외할머니는 머위나물의 쌉쌀한 맛이 입맛 돋는다고 즐겨 드셨었다.
 산판 사업에 실패하신 외할아버지는 술을 좋아하셨다. 얼큰한 취기로 북을 또드락 딱딱 치면서 할머니의 잔소리에 외면하셨다. 못 배운 것이 한이라고 너희들만은 남에게 뒤지지 말라고 자식들 뒷바라지에 허리 펴실 날이 없던 할머니, "내일모래면 환갑인데."를 한숨 속에 주문처럼 외우셨다. 물기 마를 새 없는 손으로 나물을 다듬고 뭔가를 쉬지 않고 하셨다. 아침이면 학교 가기 전, 손 내미는 다섯 놈. 빈손으로 보낼 수 없는 할머니, 주머니는 채울 시간 없이 비워지지만 언젠가는 이 허기진 마음을 채울 날이 오리라 믿으셨다. 어린 내 마음에도 할아버지 환갑이 오기 전에 뭔가 중요한 일을 마쳐야 하는데 그 길이 아득하고 멀어만 보였다.

아랫목 콩기름 먹인 장판이 갈색으로 탄 자리, 할아버지 담배 냄새가 밴 이불에 들어가면 졸음이 달콤하게 밀려온다. "이천 하네가." 하고 조상님들 얘기를 들려주시지만 난 그다음은 전혀 기억이 안 난다. 집안에 울타리 노릇할 장손이 이런 철부지라니….

외할머니의 행복한 나들이는 환갑이 지나고 일흔 즈음, 어려운 시간을 잘 극복하신 보람으로 자식 농사를 가장 잘하신 분이라고 집안 대소가의 존경을 받으셨다. 아침진지를 드시고 나면 오리 가방 챙겨 들고 가까이 사는 막둥이 딸 집부터 손녀인 우리 집까지 둘러보시고 가셨다. 저녁 식사와 잠자리는 큰아들 집에서라는 철칙을 지키셨다. 형제 없이 자란 내가 십일 남매의 막둥이에게 시집가는 걸 무척 반기셨다. 외롭지 않으리라 믿으셨다. 내가 아들 상현이를 낳았을 때는 며느리 몰래 기저귀 빨래를 도와주시고 한쪽만 바라보며 잠자는 아이의 뒤통수가 틀어질까 잠자리를 바꿔가며 챙겨주셨다. 자식들 키우느라 얼마나 힘드셨는지 손자들 돌봐주는 일은 절대 못 한다고 선언하신 분이라 외손녀의 아이 뒷바라지는 며느리들에게는 감추고 싶으셨으리라.

포대기 받쳐 아이 업고 오르내린 험한 산길이 할머니의 길이라면 자갈길 달리는 완행버스처럼 덜컹거리며 뽀얀 먼지를 둘러쓰던 어머니의 길도 한국동란 속에 평탄치는 못했다. 할머니 허리가 휘도록 쌓아준 기반 위에서 내 길은 승용차 타고 시원하게 달리는 고속도로였다. 할머니는 주무시기 전에 늘 다리를 밟거라 하셨지만, 온몸이 쑤시는 고통을 조금이라도 덜어 드릴 수 있는 그 잠깐의 시간을 싫다며 나는 도망갔다. 다시 되돌릴 수 없는 세월에 가슴이 저리다.

어느덧 세월은 자리를 바꿔 할머니가 걱정하시던 그 환갑이 내게 찾아오더니 한 고개 너머에 일흔이 나를 기다린다. 할머니의 일흔과 어머니의 일흔. 그 옆에 나의 일흔을 나란히 그려본다.

남편과 나, 둘만 머무는 조용한 집에 귀여운 손자의 낭랑한 웃음소리가 아침을 연다. 사랑을 듬뿍 받고 자라서인지 집안이 짜랑짜랑 울린다. 거침없이 감정을 표현하는 모습이 눈에 선하다. 남편은 손자의 동영상을 되돌리며 함께 있고자 하지만 그리워하면서 가끔 찾아오는 이만큼의 거리가 참 좋다. 소리만 들어도 나는 알고 있다. 지금 남편은 소리 나는 신발을 신고 신기해서 뒤뚱거리며 걷는 손자 모습을 보고 있다. 발을 움직일 때마다 울리는 짝짝 소리가 나를 즐겁게 한다.

육아 휴가를 마치고 며느리가 첫 출근하는 날, 직장에 있는 아빠도 멀리서 지켜보는 할아버지 할머니도 어린이집에서 하루를 보낼 손자가 어떻게 적응할지 함께 애가 탄다. 사랑하는 사람이 많을수록 마음 놓을 수 없는 일도 많아진다. 살아온 날보다 앞에 남은 날이 그리 길지 않음을 알기 때문일까. 나를 위한 일에서 벗어나고 내 일에서 벗어나니 나의 일흔은 이렇게 내 사랑하는 가족들을 향해 안테나를 높이 세운다.

은퇴, 영어로는 'retire'라 한다니 맞는 말이라고 '그래, 그래.' 고개를 끄덕여 본다. 나도 새 타이어로 교체하고 다시 한번 달려보자. 할머니는 다리가 쑤셔오는 밤에도 열심히 일을 찾으셨는데. 내가 꿈꾸던 내 모습에서 나는 얼마나 멀리 와 있는 것일까.

태국의 화려한 무희가 되고 싶었던 예술제가 사춘기의 나를 유혹했고 가수 후안 가브리엘의 공연을 보며 멋진 공연의 기획을 꿈꾸었다. 많은 청중의 마음을 하나로 묶는 것은 감동을 주는 음악공연이라고, 언젠가 그런 날을 만들어 보리라. 안드

레 류의 화려한 공연을 보며 내가 부자라면 세계를 돌며 이런 공연을 보여주리라 꿈꾸었다. 시집갈 돈으로 음악 감상실을 만들겠다고 헛소리하던 때도 있었지만, 깊은 우물에 이끼 사이로 맺힌 물방울을 그림으로 그리고 싶어 화가를 탐냈던 시절이 있었으니 그림 그리는 남편을 대신 택한 운명이었나 보다.

나 대신 딸에게 기회를 주신 건가. 소연이는 음악 전문 연출가다. 음악방송국의 피디로 네 시간 생방송하는 프로그램 <마마>를 홍콩에서 총감독하기도 했다. 삼 개월 전부터 기획하고 준비하고도 리허설 준비로 삼 일간 꼬박 밤을 새우고 본방송 마친 저녁엔 파김치가 되어 파티에 참석 못 하고 잠에 빠졌다니 얼마나 힘이 들었을까. 귀국 후 보고 싶어 상경했다가 너무 야윈 모습에 조금이라도 휴식을 주고 싶어 서둘러 돌아와야 했다. 화려한 시간 뒤에는 이런 힘든 노력과 고충이 숨어 있음을 모르고 아름다운 감동의 순간만을 전부라 생각하며 꿈을 꾼다. 무대 위의 스타를 빛나게 하려고 무대 뒤의 수많은 연출진이 피곤의 기색을 감추어 가며 작품을 이루어 내는 과정을 미처 모른다. 이 어려움을 극복 못하면 아무것도 우리는 성취 못 한다.

어떤 꿈을 갖고 있는가. 얼굴은 꿈 따라 변화한다. 일흔에 품은 꿈은 나를 행복한 여인으로 만들지 않겠는가. 나는 작은 음악회로나마 내 꿈을 실천하리라. 내 작은 음악회는 시디 한 장에 담겨 전해진다. 내가 사랑하는 이들과 함께 듣고 싶었던 아름다운 음악들을 선곡하여 만든다. 그 시디에는 옛 가요도 있고 젊은이들이 즐겨듣는 댄스음악도 있다. 가슴 설레며 보던 드라마의 주제곡도 있고 젊은 날 짝사랑에 눈물 감추며 듣던 애달픈 노래도 있다. 새 차를 산 친구에게서 고맙다고 문자가 온다. 엊저녁 내린 눈으로 음악을 들으며 바라보는 설경이 너무 좋아 한없이 그 길을 달리고 싶더란다.

내가 만든 음악회는 화려한 무대도 수많은 관중도 없다. 출근길의 신호를 기다리는 누구에겐가 조용한 기다림으로 안정을 주고, 주말여행을 나선 친구의 봄나들이에 〈벚꽃엔딩〉을 들려주리라. 설거지 시간이 힘든 가사 시간이 아니다. 박자 맞춰 흔드는 어깨가 신난다. 유치원 다니는 손자가 〈청춘〉을 부른다고 자랑이 들려온다. 할머니가 매일 듣다 보니 손자가 따라 부른단다. 기쁜 노래는 나이를 훌쩍 뒤로 돌려 행복한 시간에 머물게 하고 슬픈 노래는 울고 싶은 이의 가슴을 열고 친구가 되어 함께 울어 주리라.

일흔 고개를 넘는 날, 내가 살아온 이야기들을 모아서 사랑하는 이들과 나누리라. 시인의 아름다운 표현을 넘보지 못하고 이름난 작가의 묘사를 닮을 수 없을지라도 차마 말하지 못한 얘기도, 부끄러워 감추었던 순간도 담아 보리라. 평범하고 자랑할 것 없는 칠십 년, 그러나 늘 꿈을 꾸고 살았던, 부족하고 못난 본연의 모습 그대로라면 친구들은 변함없이 나를 아껴 주리라.

연지의 추억

 머리는 희어도 볼은 언제나 분홍빛, 나이를 잊은 내 화장이다. 넙데데한 얼굴을 조금이라도 예뻐 보일까 분홍빛 연지로 볼 가운데를 토닥토닥 마무리하면 혈색 좋은 할머니 모습이다.

 내 할머니는 며느리가 아기 낳은 해에 본인도 아기를 낳은 젊은 할머니다. 외할머니도 한 살 아래 이모를 낳으셨다. 그러니 내가 할머니라 부르지만 이제 갓 시집온 새댁과 별반 차이 없는 젊은 여인들이다. 나의 많은 할머니 중에 처음으로 연지를 보여준 젊은 할머니 한 분, 그 작은할머니의 조각난 연지를 잊지 못하는 것은 내 볼에 처음 찾아온 분홍빛이기 때문이다.

 할머니 빗 바구니에는 참빗과 얼레빗이 가르마 타는 길쭉한 도구와 함께 어울려 있었다. 잔 머리카락이 흘러나오지 않게 동백기름을 바르고 촘촘한 참빗으로 가지런히 빗어넘겨 쪽을 내 할머니는 며느리가 아기 낳은 해에 본인도 아기를 낳은 젊은 할머니다. 외할머니도 한 살 아래 이모를 낳으셨다. 그러니 내가 할머니라 부르지만 이제 갓 시집온 새댁과 별반 차이 없는 젊은 여인들이다. 나의 많은 할머니 중에 처음으로 연지를 보여준 젊은 할머니 한 분, 그 작은할머니의 조각난 연지를 잊지 못하는 것은 내 볼에 처음 찾아온 분홍빛이기 때문이다.

〈생태〉 80호 F(채색화)

찌면 단정한 모습이 한복에 그만이었다. 유일한 사치는 비녀에 있었다. 할머니는 흰옷 이외의 옷은 가까이하지 않았다. 푸른 옥비녀를 어디선가 본 기억이 있어도 할머니 비녀는 아니었다. 떨어진 머리칼은 쓸어모아 손가락에 돌돌 말아 빗 바구니에 뭉쳐있던 머리칼과 하나 되어 부피를 불린다. 이 뭉치가 커지면 기다려지는 엿장수 가위소리다.

색을 멀리한 할머니는 동동 구리무 한 통도 없었다. 밀가루 풀어 긴 머리 감아내면 검은 머리칼은 더 반짝였다. 참빗으로 가지런히 빗어넘기고 남은 잔 머리칼 몇 가닥. 그것은 우렁이 등처럼 동그랗게 말아져 이마를 장식했다. 그 모습이 곱게 보여 뜨거운 젓가락에 머리칼을 돌돌 말아 풀어보면 뻣뻣한 머리칼은 외가를 닮았나 할머니 모습처럼 곱지를 않았다. 나도 어른이 되면 할머니처럼 쪽지고 살리라 다짐했다. 가난해도 도도했던 할머니, 그래서 동네 사람들은 찬바람 나는 할머니라 했다. 동네 꼬맹이들은 우리 집 오려면 코를 먼저 닦아야 했다.

나의 연지 사랑은 거울을 보면서 시작되었다. 작은할머니 집 가는 길, 겨울이면 대나무 숲이 울창해서 바람이라도 부는 날이면 그 큰 키를 주체 못 하고 숲 전체가 마구 흔들리면 무서워서 마구 달렸다. 내리막길 끝나는 곳의 작은집, 울타리는 없어도 마루에 비치는 햇살은 늘 포근했다. 작은할머니는 꼬리 긴 눈매에 웃음을 가득 담고 기다린 사람처럼 안아주었다. 단장하는 할머니 옆에 앉아 거울 보는 재미는 나도 언젠가 연지를 발라 보겠다는 속셈이 있었기 때문이다.

장날이면 새벽에 먼 길 걸어오는 사람들로 길은 이어진다. 여기서 오 리쯤 더 가야 하는 장길. 닭을 안고 가는 사람도 있고 커다란 보퉁이를 이어도 걸음은 끄떡없이 잘 걷는 아낙도 있다. 커다란 소쿠리를 스무 개쯤 이어 묶어 머리에 이고 가는 아낙들, 대나무로 먹고사는 시골임을 감출 수 없다. 문 앞에 쪼그려 앉아 내 고개는 오른쪽에서 왼쪽으로 행렬 따라 흐른다.

마을 앞 시리산 앞자락을 돌아 해가 설핏해지면 할아버지는 지게 한쪽에 간고등어 한 속을 매달고 오신다. 할머니는 자잘한 감자를 냄비에 담고 그 위에 매콤한 양념을 부은 고등어를 얹어 자글자글 졸여 주었다. 쭈글쭈글 졸여진 감자 맛에 내 밥그릇은 곧바로 바닥이 나고 할아버지 진지기를 넘보기도 했다. 그런 날은 마당에 깔아놓은 덕석에 누워 일곱 개로 이루어진 국자 모양의 별자리를 세어보고 모기를 쫓아주는 할머니의 대나무 부채 바람에 여름방학의 남은 날을 꼽아보았다.

평화롭던 마을에 바람이 일었다. 시리산 앞자락 돌아 대바구니 팔러 경상도로 간 작은할머니, 며칠이 지나도 돌아오는 모습이 보이지 않았다. 함께 떠났다가 혼자 돌아온 지순이 엄마는 할머니에게 흠씬 두들겨 맞아야 했다. 할머니는 저녁 내내 삭신이 아프다고 잠을 못 이루었다. 작은할아버지는 동그란 얼굴에 다정하신 분이었는데 왜 혼자 쓸쓸하게 기다려야 하는지 알 수 없었다.

작은할머니 연지는 조각조각 깨져 있었다. 조각을 모아 손에 묻혀 주근깨 위로 살금살금 그려보았다. 눈이 반짝반짝 생기가 돈다. 이렇게 연지를 바르면 어딘가 나가고 싶을 것 같다. 할머니는 영영 돌아오지 않을 사람이라 생각했다. 가늘게 쪼개고 여미어 다시 엮어 나가는 바구니 만들기가 지겨웠을까. 아니면 사람 좋아 술 좋아 웃고만 사는 할아버지가 미웠을까.

중학교 다니던 아들이 결혼하고 중년이 된 긴 세월이 지나서야 작은할머니는 귀가했다. 어디서 어떻게 살았는지 나는 모른다. 홍어 한 점에 막걸리를 좋아하신다며 며느리가 홍어무침을 장만해 갔다. 시리산 앞자락에 일궈 놓은 밭에 거름이 필요하다고 돈을 내놓으라고 큰소리치는 작은할머니, 막걸리 한 잔에 볼이 환하다.

2. 희망으로 남은 당신

그래도 봄이면 머위가 기어이 올라올 거라는 희망이 남아있다. 그리고 그날의 새들도 변함없이 나를 맞이 해주리라. 기쁨으로 안아주시던 손자 손녀들이 멀리서 가까이서 제 자리를 지키며 살아가고 있다고 어머니께 들려드리고 싶다. "꼭 어머니를 닮았어요."라고.

핑퐁
파 한 단
초사흘
화로
희망으로 남은 당신
철부지
다정치 말기
도토리 다섯 알
또다시 가을
메아리
멸치 대가리
소원을 말해봐

핑퐁

　게임은 현재 2:2, 3승을 향한 게임도 막바지다. 스코어는 10:8, 두 점 앞서가지만 안심할 수 없는 상황, 마지막 한 점을 선점하지 못하면 상대는 꼭 이 점수에서 반격을 가해 나를 침몰시킨다. 높이 떠오르는 볼을 세게 내려치려는 순간 살짝 옆으로 비켜나가는 회전 공격, 손은 공중에서 허공을 휘젓고 만다. 손바닥에 남은 긴장은 라켓을 진득거리게 하고 화끈 올라오는 열기에 옷은 땀으로 흠뻑 젖는다. 손을 높이 들어 공격이 성공했음을 자축하는 상대의 얄미운 세리머니.
　"너를 이길 때까지 집에 안 간다."
　입을 앙다물고 다시 날아올 하얀 공을 노려본다.
　가로 152cm 세로 274cm 크지도 않은 이 작은 테이블 위에서 손안에 꼭 들어오는 2.7g의 작은 공은 마음대로 움직여 주지 않는다. 라켓을 쥔 손의 기교에 따라 부드럽게 왔다가 빛보다 빠른 속도로 튕겨 나가는 공. 능력은 부족하고 상대의 공격에 대처할 순발력은 더디다.

　탁구는 주고받고를 오래오래 잘하자는 게임이 아니다. 시합 전 몸을 푸는 시간은 부드럽게 랠리를 이어 가지만 시합이 시작되면 상대방에게 보내는 공은 받기 힘들게 해야 한다. 상대의 실수를 만들어야 한다. 게임에 따라 13회 이상 오고 가도 점수가 나지 않을 때는 리시브에 한 점을 주게 되니 빠른 결정타를 날려야 한다.

　때로는 이 작은 공 하나 사이에 두고 게임을 떠나 마음을 읽기도 한다. 인격을 배우고 성격을 보기도 한다. 깡마른 체격에 억척스러움이 매섭게 다가오는 이도 있고 공을 전해줄 때면 손에 꼭 쥐었다가 따뜻한 체온까지 전해주는 이도 있다. 심지어 공을 깨끗이 씻어서 쓰는 깔끔이도 있다. 왼쪽 귀퉁이로 서브를 보냈다가 오른쪽으로 재빠른 공격을 가하는 여우에, 공을 넘길 때마다 소리를 지르는 젊은 친구도 있다. 상대방의 멋진 스매싱으로 본인이 실점해도 박수를 보내는 넉넉한 마음도 있다. 나름의 서열이 생긴다. 고수는 고수끼리 대결하고 하수는 하수끼리 즐거움을 찾는다.

　"한 게임 할까요?" 인사하며 다가오는 사람은 당신과 차 한 잔 나누고 싶다는 데이트 신청처럼 친밀감을 전하는 계기가 된다. 운동을 위해 만나는 자리지만 호감 가는 친구도 있고 인사만 나누는 친구도 있다. 다른 테이블의 공이 이쪽으로 들어오면 전해주는 모습도 다양하다. 게임을 잠시 중단하고 손으로 정중하게 전해주는 모습도 있고 게임 중에는 어쩔 수 없이 발로 차주는 상대도 있지만 보기만 하는 무심형도 있다. 자기가 챙겨와야 할 공을 절대 주우러 가지 않는 얌체도 있다. 작은 동작 하나로 함께 어울리고 싶어 치맥을 나누는 사이가 되기도 하고 따돌리고 싶은 사람도 있다. 본인의 실력향상을 위해 고수만 상대하는 계산적인 사람도 있지만 초보자에게 땀을 흘리며 지도해주는 헌신적인 모습도 보인다.

나는 어떤 모습일까. 지도해줄 능력은 부족하다, 후배들에게 추월당하지 않으려 열심히 달리는 중이지만 제자리걸음이다. 젊은이들은 몇 개월 사이에 날쌘 동작으로 나를 제치고 저만치 앞서 달린다. 나이에 비해 무릎 아프지 않고 어깨에 이상 없이 이만한 운동이라도 할 수 있어 다행이라고 변명한다. 그러나 결승전에서 듀스로 내 자존심을 패대기치는 저 키 큰 남자를 오늘은 결단코 무릎 꿇게 하리라. 분명히 잡힐 것 같은 승리가 마지막 한 점에서 저쪽으로 넘어간다. 개선장군처럼 한 손을 번쩍 올리더니 행진한다. "음 메에~." 염소 소리로 약을 올린다.

"저 웬 수! 내일 두고 보자."

다짐해도 세월이 간다고 내 실력이 나아지지는 않는다. 그래도 제일 반갑게 기다려 주는 그가 있어 여름밤의 열기도 견

딜만 하다. 핑 하고 날아가면 퐁 하고 떨어진다. 상대의 손길에 집중하고 방어 태세를 갖춘다. 서브를 가볍게 컷으로 넘겨주고 리바운드 공, 그가 테이블에서 멀리 떨어져 수비를 준비하고 있다. 빈자리가 보인다. 네트 바로 앞에 살짝 밀어 넘긴다. 팔을 길게 뻗어 라켓을 들이대며 달려 오지만 한 발 늦었다. 공은 굴러간다.

"성공!"

오늘은 꼭 이겨 내리라. 허리를 굽혀 다음 서브를 노려본다.

파 한 단

며칠 전 거동이 불편한 손위 시누이님 댁에 파김치 한 통 보내드렸다. 맛있게 잘 먹었다는 소식에 또 담고 싶어 채소가게를 찾는다. 진열대에 정갈하게 놓인 하얀 줄기와 싱싱한 잎이 눈길을 끌지만 검은 흙이 묻은 채로 다듬어지지 않은 파 한 단을 집어 들었다. 이걸 들고 가면 깔끔한 남편은 못마땅하겠지만 일 없는 내게 한나절 소일거리를 줄 것이다.

햇살이 들어오는 창가에 자리를 잡았다. 뿌리를 자르고 겉잎을 두어 가닥 벗기면 하얀 속살이 나타난다. 차곡차곡 쌓이는 파를 보면 마음 한구석에 아픔처럼 남았던 기억이 살아난다. 세월 가면 옛날 일이려니 하고 잊을 수도 있겠지만 평생 잊지 않아야 할 시절이기도 하다.

일찍 혼자된 어머니는 일 속에서 바쁘게 살았다. 젊은 날엔 집을 지어 팔았다. 그 시절 유행하던 이태리식 집도 짓고 한옥도 지었다. 소위 집 장사라 했다. 완성되지 않은 집도 사겠다고 몰려들었다. 장사가 잘 풀리니 큰손이 아니면서 큰손 같은 일을 저질렀다. 두암동 일대의 땅을 사들인 것이다. 대단위 공사를 꿈꾸셨나 보다. 그러나 동업자의 약속이 깨지면서 빚을 안게 되었다. 눈덩이처럼 불어나는 이자를 감당 못하고 빈손이 되었다. 별로 슬퍼하지 않았다. 부러 내색을 안 하기도 했지만, 한다 해도 도와줄 사람이 없었다. 나도 두 아이 키우느라 바빴다는 핑계를 대지만 내 가난이 더 절실한 문제라 여겼다.

어머니는 시장에 가서 파를 다듬었다. 한 단에 400원씩 품삯을 받았다. 많이 다듬은 날은 열 단을 다듬어 4,000원까지 받았다. 종일 쪼그려 앉아 다듬은 품삯은 짜장면 값이지만 자잘한 파를 얻어와 김치를 담가 우리가 맛있게 먹는 모습 보며 흡족한 표정으로 바라보셨다. 추운 난장에서 아침부터 하루 꼬박 파를 다듬었을 어머니를 생각해 본다. 추위보다도 화장실이 급할 때가 난감했다고 한다. 잠시 일하는데도 허리가 아프다고 구시렁거리는 내게 입을 다물게 하는 기억이었다. 내가 잘 다듬어진 파를 선뜻 사지 못하고 흙 묻은 파를 사 들고 오는 이유는 그 어머니의 딸이어서다.

다듬은 파를 씻어 액젓으로 간을 했다. 별 양념 하지 않아도 간만 맞으면 맛있다. 오늘은 사과도 갈아 넣었다. 잘 익으면 어머니 면회 가는 날 한 그릇 담아가려 한다. 코가 찡하게 매콤해서 자꾸 손이 가게 하는 맛이다, 그 맛 보시며 옛날 그 얘기에 웃을까 슬퍼할까. 틀니마저 이젠 헐거워져 먹기 힘들다 할지 모르지만, 코로나로 막힌 요양원 면회는 그마저도 어렵다.

김장철이다. 채소전에는 배추가 산처럼 쌓이고 그 앞에 파들도 줄을 서 있다. 채소가게 앞을 지나면서 파를 다듬는 할머니를 본다. 쪼그려 앉은 무릎 사이로 수북하게 쌓이는 파 껍질이 보인다. 한 단 다듬어 주는데 얼마를 받는 것일까. 구부정한 등으로 사위어가는 햇살이 조금은 남아있다. 언뜻 스치는 찬 바람에 코가 찡하다. 이 할머니에게도 최저 임금제도의 혜택이 주어지려면 얼마의 세월이 필요할까. 파는 내게 늘 매운 기억만 남긴다.

어머니는 시장에 가서 파를 다듬었다. 한 단에 400원씩 품삯을 받았다. 많이 다듬은 날은 열 단을 다듬어 4,000원까지 받았다. 종일 쪼그려 앉아 다듬은 품삯은 짜장면 값이지만 자잘한 파를 얻어와 김치를 담가 우리가 맛있게 먹는 모습 보며 흡족한 표정으로 바라보셨다.

〈어시장〉 80F(유채화)

초사흘

 정월 초사흘이면 옛 어른들은 고사를 지내고 치성을 드렸다. 설날을 위해 준비한 음식이 아직도 그대로 남았는데 이튿째 날은 초사흘 준비로 아낙들의 발걸음은 분주히 샘가를 오가야 했다. 이 고사는 내 가족의 복을 바라는 마음보다도 농사짓고 살던 시절의 인간이 땅의 신령님께 감사드리는 의식이었다. 봄부터 시작해서 가을걷이가 끝나는 날까지 새해에도 잘 보살펴달라는 부탁의 기도이리라. 땅에 의지해서 살아야 하는 나약한 존재는 행여 그 의식에 소홀함이 없어야 했다.
 상업이 주업이었던 친정에서는 정월만이 아니라 일 년 열두 달 내내 초사흘을 모셨다. 새벽 모두 잠든 시간에 일어나 여인네들은 머리를 감고 정갈한 차림으로 음식을 준비하였다. 해뜨기 전 정성을 다한 고사를 마치고 가게에 오는 손님에게는 구경만 하고 가는 일이 없도록 친절하였다.
 초사흘을 모신다 해도 어려움이 다 가시는 것은 아니었다.

대리점에서 수금이 지켜지지 않을 때면 은행에 당좌수표 돌아오는 날은 초비상 상태가 되어 은행 직원의 눈치를 보아야 했다. 직원들 점심에는 무를 넣은 명태탕이 마땅했는데 그나마도 가장 먹기 좋은 가운데 토막은 남자들 밥상에 오르고 여인네들은 대가리와 꼬리가 전부였지만 그건 당연한 분배라 여겼다. 쪼들리면서도 정성이 어디에 닿았던 것인지 큰 고난 없이 사업은 번창하였고 다른 기업에 작은 도움을 주기도 했다.

요즘은 설날과 추석 두 명절만 잘 모시면 그나마 훌륭한 자손이라 여긴다. 직장에서 쉽게 연가를 낼 수 없다는 핑계로 외국으로 향해 공항은 인산인해를 이룬다.

대보름날에는 간절한 소원을 소지에 담아 태워보기도 하고 한식날에는 조상님의 산소를 찾아뵙는 것도 좋으리라. 산불이 두려운 계절이니 찬밥 한 끼 경험해 보며 나무 한 그루 아버님 곁에 심어드리고 온다면 작은 효도가 되지 않을까. 단오에는 쑥을 넣은 수리취떡으로 다정한 이들과 아름다운 계절을 즐기고 백중에는 이승을 떠나신 분 중에 마음을 전하고 싶은 분 이름자를 백등에 올려 위로해 드리는 건 어떠할까.

"너희가 심지 않으면 내가 어찌 꽃을 피워 줄 수 있겠느냐."

하늘에 계신 어느 높은 분, 꽃을 피워 줄 그분의 말씀에 뭔가 다시 심고 싶다. 그동안 초사흘 모시는 일을 잊고 살았다.

음력 초사흘 저녁이면 서쪽 하늘에 쪽배처럼 가는 달이 떠오른다. 달은 금방 서산으로 기울어도 별들은 쏟아지게 밤하늘 가득하다. 내 눈은 침침하지만 내 사랑하는 이의 가슴에 심어주고 싶은 별들, 내 글에 가득히 담아주시라고 기도하리라.

화로

 옛 생활을 볼 수 있는 박물관, 나는 시방 세월의 더께를 입고 앉아 할아버지의 연초 냄새를 풍기는 화로 앞에 서 있다.
 추운 겨울이면 유일하게 사랑받는 것이 할아버지 방의 화로였다. 밥을 짓고 나면 아궁이에 남은 불을 화로에 담아 방에 들여놓았다. 설에 만든 콩떡이 꾸덕꾸덕 굳어갈 즈음이면 화로 위에 올려졌다. 풍선처럼 부풀어 오르다가 "푸" 김을 내 뿜으며 터지던 떡, 조청에 찍어 먹으면 달곰하고 찰지던 그 맛. 지금 손자들을 그 시절 화롯가로 데려갈 수 있다면 얼마나 좋을까. 그 추억도 이제는 내 기억에서 끝나고 묻혀버릴 옛 얘기다.
 할아버지 화로는 작고 초라한 질화로, 그나마도 한쪽에 금이 가 삼베에 풀 발라 감싸 붙이고 테두리는 더 벌어지지 않게 철사로 꽁꽁 묶어 두었다. 화로만이 초라한 것이 아니었는데도 내가 부자가 되면 크고 화려한 화로를 사드릴 거라고 혼자 맹세했다. 그 꿈꾸던 화로들이 이 박물관 진열대에 줄지어 있다.

　화로의 불기가 사그라지면 부젓가락으로 재 속을 헤집어 불씨를 위로 올려놓곤 했다. 불씨가 별처럼 반짝이는 걸 보고 싶었다. 할머니는 그러면 안 된다며 재로 불씨를 덮어 다독거리며 꾹꾹 눌러 불을 감춰주었다. 새벽닭이 울면 할머니는 화로를 들고 부엌으로 나가 화로에 남은 불씨에 솔가지를 대고 후후 불어 불을 붙이셨다. 그 불로 또 하루가 시작되는 것이다.

　그때는 이해를 못 했다. 재로 불씨를 보호한다는 것을. 세상에 내놓은 불씨는 그대로 타버리고 끝나지만 재 속에 감춰진 불씨는 타는 것을 멈추고 기다림 속에 머문다는 것을. 이제 모든 걸 다 태워버린 재가 되어가면서 알게 하시는 섭리. 이제라도 깨달음을 얻게 됨을 고마워할까.

　어머니의 손에 노란 딱지가 가늘게 붙어 있다. 발가락 사이가 검게 변해 오는 것을 보면서 마음은 진즉 이별을 받아들이고 있어도 혈액순환을 막는 후유증인 듯 손금 따라 이어진 노란 선은 충격이다.

　슬픈 운명을 받아들이기 힘들던 어머니의 젊은 날, 작은 위안의 실마리라도 찾을 수 있을까, 점집을 찾고 손금을 보러 갔다. 중지 쪽으로 뻗어가는 운명선이 이런 것이었던가. 오손도손 의지하며 사랑을 나누고 싶던 사람, 예기치 못하게 불어 닥친 태풍은 그 사람 앗아가고 혼자만 남겼다. 목말 태우며 사랑 해주던 세 살배기 딸을 안아주며 언젠가는 이루어질 해후를 기대했다. 생명선이 엄지손을 길게 휘감아 도니 장수한다는 그 세월 동안 이루어지리라 믿었던 그 희망도 이제는 덧없다. 웃을 때면 입매가 고아 볼에 주근깨도 사랑스럽던 그 사람, 이생의 불이 꺼지는 날 만나야 할 저세상의 사람인가. 깊게 들이쉬는 한숨으로 건너야 할 다리를 이어 간다.

 어버이날을 앞둔 휴일, 요양원은 다른 날과 달리 묘한 일렁임이 보였다. 어머니 병상 건너편에 체격이 작은 한 할머니. 휠체어에 앉아 창밖을 보고 있다. 옆에 앉은 중년의 남자, 할머니의 손위에 자기의 손을 얹어두고 말이 없다. 가녀린 목에 표정 없는 할머니의 얼굴. 가슴이 아려 온다. 말이 필요 없는 시간, 포개어진 손의 따뜻함으로 서로를 위로하는가.

 면회실 저만치 이곳 풍경과 어울리지 않은 한 여인이 보인다. 새까만 머리는 단정하게 빗어 넘기고 해변의 모래사장을 거니는 여인처럼 안경은 화려하다. 회색빛만 가득한 이곳에 빨간 입술이 유난히 짙어 시선을 끈다. 요양원 할머니라 부르기엔 어울리지 않은 젊음이 남아 있다. 그녀가 기다리는 사람은 누구일까. 몇 걸음 걷는 뒷모습에 불편한 모습이 언뜻 보인다. 몸은 무너져 가도 가슴은 뜨거움이 남아 있음이리라.

"엄마 나 알겠어?"
 매번 마주하면 이 한마디로 우리의 대화는 시작이지만 대답 없는 끝이다. 화로를 뒤적여 불씨를 찾던 그 시절, 굵은 장작이라도 쌓아두고 사는 집이라면 화로의 불씨도 뜨겁고 오래 갈 텐데 가난한 할아버지의 화로는 짚불이나 여린 가지들로 채워져 화로도 허기졌을 것이다. 어머니의 초점 없는 눈을 보며 뜨겁지 않지만 꺼지지 않은 불씨를 나는 또 뒤적여 찾고 있다.

"여자와 화로는 그 가슴에 수시로 불을 지펴야 한다."
 어느 시집 한쪽에서 발견한 이 구절, 차가운 가슴이 되지 않으려고 수시로 어머니는 불을 지피며 살았을까. 한 번도 세상에 그 빛을 드러내지 못했던 세월이다.
 한 기자가 일본의 유명한 게이샤를 찾았다. 한때 명성이 자자했던 여인, 은퇴 후 조용한 노년을 맞이한 그녀에게 물었다.
 "여인의 사랑은 언제까지 이어지나요?"
 그녀는 화로의 남은 재를 뒤적이며 대답했다.
 "이렇게 재가 될 때까지요."

희망으로 남은 당신

 봄이면 시댁에 가는 걸음이 잦았다. 어머니 뵈러 간다는 명분으로 나서지만 정작 시어머니 보고 싶어 나서는 며느리 몇이나 될까. 바구니 하나 챙겨 들고 뒤안으로 돌아간다. 다래나무 아래 지천으로 올라오는 머위의 어린잎들. 그 작은 것을 뿌리 가까이 캐어 담는다. 살짝 데쳐내어 된장과 참기름에 고추장 조금 넣어 무치면 쌉쌀한 맛은 입맛을 돌게 하는데 일등이다. 동그란 잎들이 수북하게 쌓여가는 바구니 위로 햇살은 눈이 부시고 멀리서 가까이서 들려오는 새들의 소리는 도랑물 소리에 섞여 흐른다. 대나무 숲에서 울리는지 자두나무에 깃든 건지 기찻길 너머 저쪽 산에서도 들려오고 손에 잡힐 듯 말듯 가까이서도 들려온다. 그 작은 것들의 소리는 왜 이리 온 산을 울리는지. 산만 울리는 건 아니다. 내 귀는 다음에 울려올 화답에 쫑긋 촉각을 세운다. 잠시 소리 멈추면 모든 것이 정지된 고요의 순간에 햇살과 나만 숨을 쉰다. 눈만 감으면 그대로 잠이 들것 같은 달콤함, 어머니 품처럼 포근하다. 유아로 끌어 안아주는 넓은 대지, 그곳에는 늘 어머니의 손길이 담겨 있다.

11남매 막둥이 며느리. 어머니는 철없는 아들만큼이나 며느리도 애틋하게 사랑하셨다. 봄이면 수수에 보리잎 넣은 수수떡을 해주시고 가을이면 말린 호박에 곶감과 밤을 넣어 팥고물을 얹은 꿀떡을 만들어 주셨다. 꿀처럼 달콤한 그 맛에 반해 꿀 한 방울 들어가지 않았어도 난 그렇게 이름 지었다. 겨울이면 항아리에 넣어 둔 홍시를 가마솥에 찹쌀과 함께 끓여 홍시 떡을 만들어 두고 기다리신다. 행여나 아들 혼자 오는 날이면 며느리가 서운한 일이 있었나 걱정하셨다. 어머니는 텃밭과 뒷산에 있는 모든 것을 모아 그렇게 맛있는 음식으로 사랑을 주셨다.

처음 뵈었을 때 어머니는 75세의 고비를 넘고 계셨다. 죽을 것 같다고 객지에 자식들을 불러 모으길 네 번이나 하셨다 한다. 그때마다 막둥이 아들 짝지어 주지 못하고 떠나는가 애태우셨나 보다. 우리 결혼을 기뻐하신 것은 어머니 의무를 다 하셨다는 안도감이셨을 것이다. 신혼집 단칸방에 며칠을 함께 머무셨다. 사과는 얇게 저며드리면 서너 쪽 드셨다. 밤이면 꿈을 꾸시는지 소리를 지르시기도 하고 꿈에서 깨면 일어나 오롯이 앉아 계셨다. 모른 척 잠들 수 없어 곁에 앉으면 옛 얘기 들려주듯이 살아온 이야기를 들려주셨다. 아이 출산 후에도 사흘 만에 밭에 나가셨다던 어머니. 뽕잎을 따다 누에를 거두고 밤에는 삼을 쪄내 물레도 돌렸다. 11남매를 키워 시집, 장가보낸 후에도 순탄치 않은 세월이다. 11남매가 짝을 만나면 기쁨도 고통도 두 배로 늘어나는 것이다. 켜켜이 쌓인 아픈 기억들은 잠자리에서도 똬리를 틀고 일어나 괴로워하셨다.

어머니의 슬픔 중 하나는 큰아들과 함께 살지 못함이었다. 큰며느리가 어린 딸아이 하나 남긴 채 저세상으로 떠나고 상처한 아들은 일본으로 떠나 버렸다. 돌아와서도 고향에 머물지 못하고 객지에서 재혼하여 그곳에 머무르니 장자에게만 기대가 컸던 시절, 어머니 심정은 오죽했을까. 모시고 있는 아들 내외는 극진한 효자였지만 가슴에 늘 화를 담고 사셨다. 어쩌다 명절에 한번 큰아들 온다는 소식을 접하면 어머니 밝은 표정, 세월을 거슬러 홍조 가득한 새댁 모습으로 부엌으로 찬방으로 걸음이 바쁘셨다. 그래도 하룻밤 묵어주지 못하고 떠나는 아들 내외는 잠시 머물고 가는 손님이었다.

돌아가시기 전, 두어 해 거동이 불편하셨다. 안방과 마루만 앉아서 오고 가셨다.

어느 가을날 어머니 뵈러 갔다. 내 가방을 어머니 옆에 가져다 놓으라고 재촉하시더니 작은 주머니에 깨를 담아 아무도

희망으로 남은 당신 ··· 99

몰래 가방에 넣어주었다. 그리고 속바지 주머니에서 돈을 꺼내어주셨다.

"내가 너 또 보고 죽을랑가 몰라."

살날이 얼마 남지 않았다고 느낄 때, 어쩌다 찾아오는 무심한 자식들, 내 앞에 있는 순간이 얼마나 소중할까. 이 시간 지나면 다시 그 자식 볼 수 없으리라는 슬픔이 남는다. 젊은 날 정성 들여 자식들에게 먹였던 그것들을 이젠 해줄 수 없는 것도 서러움이 되어 몰래 감추어 둔 깨라도 주시는 것 아닌가.

"어머니 건강하시니 그런 생각 마세요."

또 온다고 약속하지만 대문 밖 나서면 잊어버리는 자식들이다.

1999년 새해를 이틀 앞두고 98세 어머니는 저세상으로 떠나셨다. 시아버지 기일이 음력 유월 한더위라 늘 제수 장만에 고생하시던 어머니는 나는 춥지도 덥지도 않은 봄날에 가고 싶다 하시더니 하늘로 모셔 가는 날은 거기에서 정하는지라 장 보러 가는 길은 무심하게 눈이 펑펑 내렸다. 상여 모시는 후손의 행렬은 길기도 했다.

십일 남매의 자녀 그리고 중손 고손에 배우자를 더하니 2백 명이 되더라고 동네 아낙들은 수군거렸다. 이제는 전국에 흩어져 사니 서로 이름도 모르고 산다. 어떨 때는 버스 정류장에 서 있는 저 남자가 시댁 조카라는 것 나는 아는데 그 조카는 나를 모른다. 한때 TV에서 〈슈퍼 밴드〉라는 프로그램이 있었다. 주목을 받아 인기 절정에 오른 가수 하나. 어머니가 보셨다면 자랑하셨을 고손자다. 한 세대씩 오르다 보면 어머니, 아버지 두 분의 후손인데 이젠 남남으로 산다.

내 나이 이제 75세, 처음 뵙던 어머니 나이에 내가 서 있다. 나는 사과를 얇게 저며 먹지도 않고 위독하다고 아들, 딸을 불러 모으지도 않았다. 그러나 어머니의 텃밭이 내게는 없다. 아들 며느리가 온다면 고작 마트로 달려가 냉장고 진열대를 뒤적일 뿐이다.

이제 어머니 가신 지도 이십 년이 훌쩍 지나고 또 삼 년이 흘렀다. 뒷산에 피어나던 동백도 몇 그루 남지 않고 밤나무 감나무도 보이지 않는다. 찰지고 새콤달콤하던 자두나무도 베어졌다. 어머니의 그 푸르고 아름답던 보물창고는 굴착기 밀고 간 흔적들만 남아 있다.

그래도 봄이면 머위가 기어이 올라올 거라는 희망이 남아있다. 그리고 그날의 새들도 변함없이 나를 맞이 해주리라. 기쁨으로 안아주시던 손자 손녀들이 멀리서 가까이서 제 자리를 지키며 살아가고 있다고 어머니께 들려드리고 싶다. "꼭 어머니를 닮았어요."라고.

11남매 막둥이 며느리. 어머니는 철없는 아들만큼이나 며느리도 애틋하게 사랑하셨다. 봄이면 수수에 보리잎 넣은 수수떡을 해주시고 가을이면 말린 호박에 곶감과 밤을 넣어 팥고물을 얹은 꿀떡을 만들어 주셨다. 꿀처럼 달콤한 그 맛에 반해 꿀 한 방울 들어가지 않았어도 난 그렇게 이름 지었다. 겨울이면 항아리에 넣어 둔 홍시를 가마솥에 찹쌀과 함께 끓여 홍시 떡을 만들어 두고 기다리신다. 행여나 아들 혼자 오는 날이면 며느리가 서운한 일이 있었나 걱정하셨다.

〈모과가 있는 정물〉 4F(유채화)

철부지

남편은 철부지다. 어린아이일 때도 그러했고 결혼한 뒤에도 그렇다.

"저것이 장가가면 어찌 살까."

아무 말씀 없으시더니 머리 희끗희끗해진 늘그막에야 손위 여섯 시누이님의 솔직한 고백이었다. 끄떡없이 잘사니 기특하다는 칭찬이다. 이젠 어찌 말해도 부부간에 금갈 일 없으리라는 확신이리라. 그러나 팔십을 향해가는 이 나이에도 가끔 이혼을 꿈꾸고 있다면 이해하실까.

비가 내리면 부엌 바닥에 빗물이 차오른다. 그마저도 내 집이 아니고 셋방살이였던 시절이다. 모처럼 공중목욕탕에 다녀온 날이다. 따뜻한 아랫목에 이부자리를 펴고 쉬려는데 갑자기 전이 먹고 싶단다. 호박전이라도 부쳐 달란다. 연탄 때던 시절, 부엌 바닥엔 빗물이 발목까지 차올라 있는데 전을 만들어 주란다. 흙탕물 속에 들어가란 말인가. 물 속에서 텀벙거리며 호박을 썰고 반죽을 만들고…. 마누라를 "전 나와라 뚝딱." 마술사로 아는 사람인가.

시누이님 댁에 초대받은 날이다. 아무리 맛있는 음식이 있어도 얼른 내 입 먼저 챙길 수 없는 시절이다. 세 살, 다섯 살, 두 아이 챙겨서 먹이고 나면 어른들 식사는 거의 끝나게 된다. 나는 그제야 막 한 술갈 뜨려는데 머리 위에서 불같은 호령이 떨어진다.

"뭐 하느라 아직도 먹고 있어."

내게만 가만히 물어보면 얼마나 좋을까 대답이라도 하게. 방안에 모인 친척들의 시선이 일제히 내게 쏠린다. 먹을 것 앞에 두고 갑자기 내 꼴이 비참해진다. 가만히 수저를 내려놓는다. 저 사람과 어떻게 평생을 살 것인가. 숨쉬기 힘들게 속은 끓어오른다. 잘못을 헤아려 들어줄 여유도 없는 사람이다. 그렇게 체념하며 살아온 세월이 오십여 년, 지금도 여전히 변함없는 남편이다.

며칠 전부터 부러운 일이 있나 보다. 젊은 탁구 코치의 날렵한 몸놀림이 눈에 선했나, 공을 주고받으며 테이블 위로 사뿐히 뛰어오르던 순간의 감동을 자꾸 얘기한다. 게임 중에도 한 번씩 훌쩍 뛰는 자세를 따라한다.

신혼 시절, 남편은 높은 담장을 가볍게 넘었다. 집주인 마님은 저녁 9시면 불을 끄고 잠이 든다. 저녁 외출이 잦았던 우리는 벨을 눌러도 소용이 없음을 알기에 남편은 담을 넘어 들어가 문을 열어 주고 나는 주인 마님 방 앞을 고양이처럼 살금살금 지나 우리의 작은 보금자리로 들어오곤 했다. 킥킥킥 소리죽여 웃었던 기억, 도둑놈들도 성공하면 그런 기분일까. 그 실력이라면 나비처럼 날아오를 만도 하다.
　"당신 행여 코치 흉내 낼 생각 마요. 나이가 몇인데…."
　행여나 걱정하던 일이 말릴 사이 없이 벌어지고 말았다.
　"코치가 요렇게 뛰었어."
　어깨를 높이 위아래로 흔들며 다리를 구르더니 침대 위로 훌쩍 뛰어올랐다. 아뿔싸 침대 위에 깔아놓은 커버에 미끄러졌나 우당탕 뒤로 넘어지며 머리를 부딪쳤다. 방바닥이 쿵 울린다. 순간 별별 못된 생각들, 119를 부를까 전화기 앞으로 달려간다. 머리는? 갈비뼈는? 허리는? 민망했나 벌떡 일어나 거실로 걸어가 보고 고개도 돌려 보고 손목도 흔들어 보고… 괜찮다고 이상 없다고 이리저리 몸을 비틀어 보인다. 자식 혼인 날 잡아 놓고 부모가 이렇게 일 저지를 거냐고 야단쳤지만, 귀에 담기나 하려나 언제나 철이 들려나.
　탐스럽던 머리칼이 듬성듬성해지고 뒷머리가 훵하게 비어가는 모습을 본다. 동안을 자랑하던 그도 세월을 비켜 갈 수는 없다. 젊은 비결이 뭐냐고 남들이 부러워하던 날 철없으면 늙지 않는다고 비죽였다. 그래도 머리칼 빠지지 않는다는 광고에 귀가 솔깃하다.

남자는 철들면 노망한다는데 철딱서니 없어도 좋으니 노망하지 말고 살자 할까. 아니 그 말은 죽는 날까지 어쩌지 못하는 게 남자란 말 아닌가. 오늘 아침에도 밥상을 앞에 두고 반찬 타령을 한다. 자기 좋아하는 멸치 반찬을 왜 맛있게 못 하냐고….

"먹기 싫으면 내가 다 먹지." 대답은 못 하고 젓가락만 열심히 멸치를 집었다.

"학교에서 돌아와 마루에 가방을 던지고 엄마하고 불렀는데 대답 없으면 허전했어."

"결혼하고 나니 당신이 엄마 같아."

어느 날 아이처럼 들려주던 얘기다. 비 오는 날 전을 부쳐주라던 그날도 어머니 손맛이 그리웠을까. 난 어머니처럼 살아가야 하나 보다.

다정치 말기

늘 챙기는 이어폰을 내려놓았다. 오늘은 문우들과 봄나들이 행사가는 날, 옆자리에 누가 앉을지 몰라도 도란도란 얘기를 나누고 싶었다. 지난해 가을 다녀온 백 리 섬길, 푸른 물길이 눈에 선했다. 그에게 들려줄 얘기가 많았다.

예상은 빗나갔다. 버스 안 가득한 사람 중에 아무도 내 곁에 와주지 않았다. 이어폰을 끼고 음악을 듣는다는 건 옆 사람에게 예의에 어긋난 처사라고 두고 온 일이 후회막심이었다. 그것이라도 있으면 긴 시간 친구가 되어 줄 텐데 멍하게 밖을 보았다. 버스의 엔진소리가 윙윙거리고 머리가 지끈지끈 아팠다. 햇살은 바다에 가득하고 눈이 부셔오는데 크리스의 감미로운 기타 선율이라도 쏟아지면 얼마나 좋을까. 섬들도 영화의 한 장면처럼 꿈꾸게 할 텐데, 그동안 모든 이가 나를 좋아한다는 착각에 빠져 살았던 것인가. 달리는 차 창에 비친 내 모습이 초라해 보였다.

손자를 돌봐 주려 두 달여 집을 떠나 있었다. 혼자 남은 남편은 불평 없이 숙식을 해결해 가엾기도 하고 장하기도 했다. 마중 나온 남편은 눈길이 미끄럽다며 손을 잡아주었다. 예전 없던 다정함에 어인 일인가 했더니 집에 도착할 때까지 자랑스럽게 들려주는 얘기가 있었다.

눈이 펑펑 내리던 날 젊은 친구의 초대를 받았단다. 이렇게 눈이 오는데 혼자 계시면 안 된다며 저녁 식사를 함께 하자더니 뜨끈한 국밥으로 속을 풀어주고 집 앞까지 바래다주는 길에 성당의 성모 마리아 앞에서 기념사진을 찍어주었단다. 예상치 못한 마음에 감동이었을 터 얼마나 좋았으면 그 얘기를 집 현관에 들어설 때까지 쉬지 않고 들려주었을까.

직장 일도 피곤했을 텐데 친척도 아니고 이해관계도 얽히지 않은 사이, 더할 수 없는 고마움이었다. 어머님이 담아오셨다고 김장 김치를 챙겨오고 과일을 수시로 보내주었다. 소주 한 잔 나눈 날이면 집 앞까지 바래다주는 정성은 대통령을 보살피는 든든한 경호원 같았다.

간혹 남들이 부자지간으로 착각해서 물어보면 벌컥 화를 내었다. 형님이 젊어 보이시는데 그렇게 보는 눈이 없는 사람이라며 남편이 마음 상할까 위로했다. 큰 키에 곱실거리는 머리칼은 멀리서 봐도 멋진 남자다. 간혹 자전거를 타고 바람을 몰고 오면 서글서글한 눈매까지 사랑스럽다. 남편은 그를 만날 수 있는 주말을 기다렸다. 아무 말 없어도 생기가 넘치는 날은 알 수 있었다. 그가 아이들과 저녁 식사해야 한다고 일찍 귀가하는 날이면 내색하지는 않아도 서운한 눈치가 보였다.

뜨끈한 국밥 한 그릇 앞에 두고 소주 한 잔 마시며 서로의 일상을 들려주던 날, 꽃놀이 한번 못 가고 봄이 다 가버린다고 아쉬워하는 그에게 다음 주에는 아이들과 동적골 철쭉이라도 보고 오라 했다. 일 없는 우리에게는 넘치는 시간이 그에게는 늘 부족했다. 우리의 시간을 쪼개어 나눠줄 수 있으면 얼마나 좋을까. 바쁘게 살다가도 문득 외롭다는 생각이 들 때가 있다고 예상치 못한 고백이 이어졌다.

외로워서 또 다른 외로운 사람 곁에 머물러 주었을까. 대학에 입학한 딸아이 객지로 보내고 아빠만 따르던 아들은 사춘기에 접어들었다. 그를 기다려 줄 아내는 연예인이다. 무대에 서기 위해 늘 먼 곳에 있다. 손님으로 왔다 가는 사람이다. 스타의 자리는 빛나서가 아니라 멀어서 바라보기만 해야 하는 별이다. 사랑하는 아내가 곁에 있어도 다른 여자를 꿈꾸는 것이 남자라는데 아내의 빈자리를 자신이 채워야 할 어깨가 무거운 사람이다. 그가 함께 가야 할 사람은 우리가 아니다. 남편에게 스치듯 가볍게 한마디 던졌다. "할 일도 많은 바쁜 사람 부담 주지 맙시다."라고.

반가운 목소리인가, 전화를 받는 남편의 목소리가 붕 뜬다. 아래층으로 부리나케 내려가더니 수박 한 덩이를 들고 왔다.
"마트에 들렀다가 우리 것도 사 왔다네."
"작은 걸 사지 크기도 해라." 냉장고에 넣으며 고마움을 표현해도 마음 한쪽 수박 한 덩이가 무겁게 자리 잡는다.

이제는 모자를 쓰면 투명 인간이 되는 도토리의 꿈을 접어야 할 때, 그래도 도토리는 사랑스럽다. 몇 달을 주머니 속에서 답답했을 다섯 알, 책상에 올려놓았다. 산책을 다녀오겠다며 현관을 나서는 남편의 뒷모습을 바라본다. 바지는 회색빛 운동화는 흰색 재킷은? 남에게 전하기 애매한 빛깔이다. 살구와 베이지의 중간색, 우리는 이 나이가 되면 언제나 헤어진 그 순간의 모습을 담고 살아야 한다.

〈칠면조〉 80F(수묵 채색화)

도토리 다섯 알

포근한 날이 이어지더니 초여름 햇살 같은 뜨거움이 등에 업힌다. 가벼운 차림이 좋으리라 걸치고 나온 재킷 주머니에서 잡히는 도토리 다섯 알. 왜 이것이 여기 있을까 곰곰이 생각해 본다. 지난가을 여행길에서 주워 온 기억이 어렴풋이 남아있다.

참나무 아래 낙엽이 쌓일 즈음이면 동그란 그 알맹이들이 귀여운 모자를 쓰고 굴러다닌다. 약간 길쭉하기도 하고 동글동글하게 통통한 것도 있다. 연갈색으로 반질반질 윤이나는 그것들을 부지런히 주워 담았다. 전생에 난 다람쥐였을까. 그냥 지나칠 수 없는 욕심은 사랑스러워서인가 아니면 배고픈 그 시절 주식이었다던 조상님의 유전자가 남아있었을까.

어린 시절 즐겨 읽던 만화의 주인공이 부러웠던 적이 있었다. 이름이 도토리였던가 모자를 쓰면 투명 인간이 되어 아무도 그를 볼 수 없는 것이다. 내가 안 보이는 세상은 얼마나 재미있을까. 탐정이 되어 범인을 잡아 내기도 하고 미운 사람은 골탕을 먹일 수도 있을 텐데, 내게 그 모자를 준다면 과자 가게에 가서 우유로 만든 비가나 알사탕을 몰래 훔쳐 오고 싶었다. 가상의 세계는 현실에서 이룰 수 없는 꿈들을 이루어 주는 또 다른 세계가 아닌가. 그러나 보여야 할 사람이 안 보이는 세상은 끔찍한 공포를 가져왔다.

며칠 전 남편 따라 이수도라는 섬으로 여행을 갔다. 결혼하면서 시작된 고교 동창 아홉 친구의 모임이다. 오십 년의 긴 세월을 부부 동반하여 여행하다 보니 허물없이 감출 것 하나 없다. 그래도 나이 팔십이 가까워지니 앞머리도 뒷머리도 빠지기 시작해 갖가지 모자를 눌러쓰고 어쩌다 젊어 보인다는 인사말을 들으면 한 번 더 다듬고 나서게 된다.

거제 시방선착장에서 배로 십 분 거리, 펜션으로 이루어진 마을, 이곳이 우리가 하룻밤 머물기로 한 섬이다. 짐을 풀자마자 남자들은 낚시터로 가고 일부는 산으로 올랐다. 여인네들은 이야기보따리를 풀기 시작하고 한쪽에서는 허출하다고 떡보따리를 풀었다. 몰캉한 쑥 인절미 맛에 입은 즐겁고 남 애기로 귀도 즐거움에 빠질 즈음 느긋했던 자리에서 갑자기 벌떡 일어날 일이 생겼다.

산에 오른 남편이 도착할 시간이 되었는데 안 오니 이상하다며 기봉 씨 부인이 도움을 청했다. 남편이 지녀야 할 전화기는 부인이 가지고 있었다. 잘 잊고 다녀 뺏어 둔 것. 산에 함께 올라간 친구들에게 연락해 보니 어디선가 헤어졌다는데 펜션으로 가려니 했단다.

일 년 전 모인 날 어렴풋이 치매가 의심스러웠지만 까맣게 잊어버리고 방심한 것이 탈이 되었다. 낚시터의 친구들도 산으로 오르고 바닷가로 찾아 나섰다. 우리는 112에 도움을 요청했다. 주민등록증 사진을 보내고 오늘 옷차림을 자세히 보고 했다, 검정 모자에 겨자색 점퍼에 청바지, 남색 운동화에 키는 160 몸무게 등등.

가끔 문자로 울려오던 실종자 찾기가 우리의 일이 될 줄이야. 관심 없이 바로 문자창을 닫아 버리던 그 순간이 참 매정한 일이었다는 걸 알았다. 거제시 일원에 "사람을 찾습니다." 문자가 발송되고 경찰이, 해경이 배를 타고 출동해 섬 둘레를 돌며 바닷가를 샅샅이 뒤졌다. 펜션 사장님은 섬 전체 펜션에 실종자의 사진을 보내어 도움을 청하고 어촌계 계장님은 확성기로 온 마을에 방송을 거듭하고, 마을에 한 대 있는 작은 전기차로 골목골목을 뒤졌다. 나는 선창 가를 바라보며 오가는 사람을 빠트림 없이 보았다. 뜨거운 햇빛 아래 검은 모자를 쓴 남자는 모두 그 사람으로 보이는 어처구니없는 착각에 손을 흔들며 이름을 불렀다.

해가 지기 전에 찾아야 하는데 멀리 산자락을 오르내리며 땀을 흘리는 경찰도 미안하고 낚시 가방을 든 채 산을 헤매다 온 남편은 얼굴이 벌겋다 못해 쓰러지기 직전이다.

"해지기 전에 못 찾으면 어쩌나요?"

한 부인이 가까이 다가와 귀에 대고 말한다. 설마 그럴 리 없다고 고개를 흔들어도 눈앞에 나타나기 전에는 별별 생각이 드는 것이다. 젊은 시절에는 비무장 지대 가까이 여행을 가고 땅굴도 보고 이동 막걸리에 취하고 전국을 함께 누볐는데 이제 먼 곳은 어림도 없다. 운전도 힘드니 몇 번이나 볼 수 있을까, 건강한 모습으로 다시 만나자고 약속하며 헤어지는데 이렇게 다시 만난 좋은 날 비극이 기다리는가. 다시 산길로 들어섰다. 해가 설핏 기우니 뜨거움이 식어가고 바람이 서늘하다. '일박 삼 식'이라고 써진 펜션을 돌아서 바닷가로 들어서니 기다리던 소식이 울려온다.

찾았단다. 섬 주위를 돌던 해경의 배가 갯바위 쪽에서 낚시하던 두 사람을 향해 거기 기봉 씨가 맞으면 손을 흔들라 했더니 흔들더란다. 낯선 사람 옆에 앉아서 구경하느라 기다리는 사람들을 잊었던 것인가, 아니 그렇게 혼자만의 세상에 머물고 싶었을까.

펜션 창가마다 몰려나온 나온 손님들이 섬을 시끄럽게 만들던 장본인의 귀가를 축하해 주며 박수를 보냈다. 경찰도 해경도 복귀하고 우리는 그 뒤에서 감사의 인사를 끝없이 드렸다.

그 순간 세상은 감사해야 할 일로 가득하고 서편으로 기우는 마지막 햇살도 눈 부셨다.

가끔 남편이 미우면 안 보이는 곳으로 숨고 싶을 때가 있다. 내가 아픈 만큼 당신도 아파보라는 얄미운 심보지만 그렇게라도 풀어나가며 "검은 머리 파뿌리 되도록"이라는 선서를 지켜왔다. 치매로 우리를 긴장시켰던 친구는 나무랄 일 없는 모범 가장이었다. 경제적으로도 빈틈없어 걱정이 없는, 섬세하고 정확한 성품이었다. 그것이 치매의 원인이 아닐까, 우리끼리 고개를 갸웃거리며 내린 결론이다.

이제는 모자를 쓰면 투명 인간이 되는 도토리의 꿈을 접어야 할 때, 그래도 도토리는 사랑스럽다. 몇 달을 주머니 속에서 답답했을 다섯 알, 책상에 올려놓았다. 산책을 다녀오겠다며 현관을 나서는 남편의 뒷모습을 바라본다. 바지는 회색빛 운동화는 흰색 재킷은? 남에게 전하기 애매한 빛깔이다. 살구와 베이지의 중간색, 우리는 이 나이가 되면 언제나 헤어진 그 순간의 모습을 담고 살아야 한다.

또다시 가을

 햇살은 독하게 따갑다. 더 여물어야 할 여린 것들에게 퍼붓는 마지막 열정이다. 빛을 가리는 가지는 쳐주고 땅에는 은박지를 깔아 사과에 붉은빛을 더해주는 과수원의 마지막 손길은 부산하다. 서리 맞은 다음에야 제맛 든다고 조금만 더 기다리자 해도 아직 푸른빛 도는 감 하나 성급하게 깨물어본다. 아삭하게 씹히던 단맛의 기억에 가을로 가는 길, 마음도 바쁘다.
 가을은 또 하나의 이별이 기다린다. 씨앗이 여물면 달콤한 과육과 농염한 빛깔로 우리를 천지가 유혹한다. 다시 땅으로 가기 위한 작업이다. 보랏빛 꽃 아래 우리를 불러 모으던 등나무도 이제 그 결실의 잔치에 축포를 쏘아 올린다. 커다란 콩 꼬투리처럼 기다랗게 매달린 그것들은 껍질을 뜨겁게 열며 알알이 영근 그것들을 멀리멀리 튀어 보낸다. 자신의 그늘에 두지 않기 위해 멀리 보내는 이별이다.
 도라산 가는 열차에 하루를 맡겨볼까, 아니면 녹동 바닷가

민박집에서 지새는 달을 보며 파도 소리에 젖어볼까. 다이어리에 어느 하루 기록이 없는 텅 빈 날은 없어야 한다고 욕심을 부리지만 기껏 나서는 길은 금남로 달리는 버스 안이다. 옛날 한국은행이 고풍스럽게 자리했던 터에 이제는 녹음 무성한 공원이 누군가를 기다리고 있다. 축제라도 열리는 날이면 나아질까, 빈 벤치가 쓸쓸하다. 약속이 있다면 좋겠다. 이다음엔 저 자리에서 누군가와 만나리라 점을 찍는다.

    낙엽이 지기 전에 구월은 가고 시월이 가기 전에 그리운 사람
    밤하늘 가득히 수 놓은 별은 사연 되어 조용히 비쳐만 오네
    나르는 기러기도 짝을 잃으면 구만리 멀다 않고 날아가는데
    낙엽이 지기 전에 구월은 가고 시월이 가기 전에 그리운 사람

나는 첫사랑이라고 가슴에 새겼는데 정작 그 사람은 가볍게 스친 인연으로만 기억하는 일. 이 노래를 청승맞게 불렀다. 웃으면 눈꼬리에 주름이 잡히던 사람. 가을에 만난 사람은 쉽게도 간다.

버스에서 내리고 보니 허전하다. 가방을 열어보니 빠져버린 지갑. 뒤돌아서 아직 출발하지 않은 버스 문을 두들겼다. 누군가 앞문으로 들어가라 말해준다. 허겁지겁 올라가 버스 기사님께 고개를 굽실거리며 "지갑을 놓고 갔어요." 말하고 앉았

던 자리를 찾았다. 마침 앉으려던 여인이 지갑을 전해준다. "죄송합니다. 죄송합니다." 누구라고 말할 것 없이 좌우로 굽신거리며 미친 여자처럼 내려왔다. 가슴이 벌렁벌렁 몇 초 사이에 벌어진 일이다. 한 걸음만 늦었다면 버스는 떠나버리고 나는 잃어버린 그것들을 찾기 위해 동분서주했을 것이다. 그 기사님 내 뒤 꼭지에 별 미친 여자라 했을지도 모른다. 틀린 말은 아니다.

가을 햇살에 잠시 미쳤었다. 정신 바짝 차리라는 지엄하신 분의 따끔한 경고였나 보다.

달콤한 크림으로 범벅된 얼굴, 행복한 표정이다. 아직 말이 서툴지만, 당당히 요구하며 소원을 풀어간다. 할머니는 목수건을 둘러주며 하고 싶은 잔소리를 꿀꺽 삼킨다.

〈아들과 딸(남매)〉 80F(한국 채색화)

메아리

숨 가쁘게 오른 산행길, 정상에 다다르면 힘겨운 시간을 극복해 냈다는 성취감에 하늘을 향해 두 손을 번쩍 올려 만세를 부른다. 어떤 어려움이 내 앞을 막아도 헤쳐갈 수 있다는 자신감에 가슴이 벅차오른다. 그동안 쌓여있던 답답함을 저 멀리멀리 날려버리고 싶다. 두 손을 입가에 모아 소리를 지른다.

"야호~~~!"

맞은편에서 산울림이 전해온다. 가만히 귀를 기울이면 뻐꾸기 소리도 함께 울려온다. 메아리는 산에 머무는 것들의 대화다. 내 목소리가 커지면 들을 수 없는 은밀한 속삭임, 잠시 발소리도 죽여가며 그들의 한가운데로 슬며시 들어서 본다.

무대에 오르던 개그맨의 푸념을 들었다. 관객에게 웃음을 선사하는 일이 결코 쉬이 이루어지는 것이 아니었다. 밤새워 각본을 짜고 연습하고 분장하고 무대에 서면 떨리는 마음이야 감출 수 있다지만 어느 대목에서 빵 터져 웃음과 박수가 쏟아져야 하는데 조용한 침묵 속에 아무런 감동 없는 관객을 보면 한순간에 힘이 쑥 빠져 버린단다.

음악방송 연출하던 딸아이는 카메라가 음악에 열광하는 관객들을 비추며 돌아가는데 무거운 표정의 신사분이 젊잖게 화면에 비치는 장면을 가장 싫어했다. 우리는 수시로 거울에 반사되는 내 모습을 보고 싶어 한다. 그것은 내 앞의 관객이고 마주 앉아 함께 대화하는 가족이고 친구이다. 함께 웃어주고 울어주고 박수를 보내주는 또 다른 나이기도 하다.

수필 공부 시간에 접하게 된 수작 몇 편, 우리네 솜씨로는 표현하기 어려운 부분을 절절하게 담아낸 부분이 좋아서 일기를 쓴다는 젊은 친구에게 도움이 되지 않을까 싶어 봉투에 담았다. 수필의 문을 열어 주는 것도 좋은 기회라 생각되었지만 어떻게 받아줄지 미지수였다.

이튿날 봉투에 담긴 그 글은 내게 되돌아왔다. 놀라는 내게 휴대폰을 열어 저장한 글을 보여주었다. 너무 좋아서 읽고 싶을 때 자주 보려 한다며 읽은 소감을 전했다. 할 일도 많은 사람이 내가 기억 못 한 부분까지 세밀하게 기억하고 있었다. 요양원에 찾아가 만난 고모 이야기며 특히 작품 『등 피』에서 자식을 여럿 잃은 어머니의 아픔에 공감이 일었나 보다. 그리고 미셸의 『외면 일기』 중에서 내면의 일기가 아니라 외적인 세계로 눈을 돌려 보겠다는 각오도 전했다. 역시 젊은 머리는 다르다는 감동과 함께 그의 성실함에 새로운 인재를 찾아낸 뿌듯함이 기쁨으로 밀려왔다.

짠맛이 덜한 된장과 울 외 장아찌를 그의 자전거에 실어 보냈다. 된장 풀어 파 조금 넣어 끓인 국물을 매일 먹으면 건강에는 최고라며 엄지를 올리는 그의 말 한마디에 나는 대단한 선물을 보낸 것 같은 만족감에 또 취한다.

산에 올라도 야호 한 번 외쳐보지 못한 소심했던 젊은 날. 이젠 늘그막에 거침없이 울려오는 메아리를 듣고 싶다. 그러기 위해서 한 발짝 또 한 발짝 정상을 향해 걷는다.

멸치 대가리

　모아둔 멸치 대가리가 석작 안에서 누렇게 색이 변한다. 버려야 하나 망설이다가 그녀가 올 까도 싶어 오늘 다듬은 멸치 대가리도 한 주먹 더 얹어둔다. 기르고 있는 오리가 몇 마리, 그놈들이 멸치 대가리를 좋아한단다. 뒤뚱거리며 달려들 모습이 그려진다. 버리지 못하고 기다리는 이유가 정녕 오리 때문만은 아니지만 그녀가 거느린 식솔들이 필요로 하는 것은 버릴 수 없다.

　그녀는 가을이면 손수 가꾼 것을 실어 왔다. 달콤한 물고구마에 금방 삶은 옥수수를 식지 않게 담아왔다. 가을이면 단감을 담은 바구니에 국화꽃을 곁들여 문 앞에 서 있던 소녀, 알프스의 하이디 같은 그녀가 내게는 선물이었다.

　잘 가꾼 정원이 좋아서 가끔 찾던 중학교 동창네 집, 우연한 만남의 자리 거기서 동생이라고 소개받은 그녀는 삼십을 바라보는 미소가 귀여운 여인이었다. 잠시 스칠 인연이라 생각했는데 친구는 멀어지고 그녀가 내 곁에 머무는 사이가 되었다. 자가용이 귀하던 시절 포니를 몰고 서울을 오가는 당찬 매력에 관심을 두다가 나를 위한 일이라면 물불을 가리지 않고 용감하게 앞장서는 그를 보며 잔 다르크의 호위를 받는 듯한 행복에 빠졌다. 업무에 시달려 일을 포기하고 싶은 날 그녀의 씩씩한 모습은 길을 찾아가게 하는 힘이 되어주었다. 때로는 찔레꽃 피는 봄날 여린 순을 꺾어 속살의 풋풋한 맛을 알게 해주고 물 한 바가지로 배고픔을 달랬다던 얘기도 들려주었다. 그럴 때 그녀의 표정은 찔레꽃만큼이나 환하여 배고픔도 행복해 보였다.

어느 식당에서 맛본 회가 잊히지 않는다며 섬진강을 향해 달리던 날 경찰차의 추격을 받았다. 과속 벌금 스티커를 주며 경찰은 한마디 던졌다.
"조그만 여자가 운전도 잘하네."
과속의 주인공이 거친 남성일 거라 예상했었나 보다. 딱지 끊었다고 툴툴거리리라 생각했는데도 드라이브 내내 싱글벙글 분위기를 이끌던 그는 여리면서도 다부진 여자였다.

나만 보지 말고 살라 했더니 감감소식이 없었던 그 옛날, 다른 이들과도 오가며 친밀하게 지내라는 충고였는데 사흘을 내내 울었다고 하더니, 이제는 나를 잊었나 보다. 자네가 보내준 꿀도 다 떨어졌다고 말해 볼까? 망설이다가 그 먼 거리를 운전해 올 그녀의 안전이 걱정되어 단념하고 만다. 무소식이 희소식이려니 여기며 바쁨을 핑계로 잊고 사는데, 필요한 것은 앗아가고 필요 없는 것을 남겨주는 것이 세월이다.

자신의 폐에 자라는 몹쓸 것과의 전쟁을 남의 얘기 들려주듯 가볍게 전하였다. 전쟁터에 머물기에는 너무 젊은 그녀, 의학의 힘에 의지한다 해도 곁에 버팀목이 있어 지켜주길 바라지만 들판의 찬바람에 홀로 세워둔 아기다. 세월만 원망했더니 나도 앗아 오기만 하고 필요 없는 것만 그녀에게 남겼다.

쌓여가는 멸치 대가리가 나를 나무라는 것 같다. 아낌없이 베푸는 그녀 곁에는 상처만 주고 떠나는 이들이 많았다. 그 아픔은 내가 어찌 안아줄 수 없는 자리, 나로 인한 상처도 그녀의 어딘가를 아프게 했을지도 모른다.

우연을 필연으로 만드는 그녀, 늘 봄날로 머물게 해주고 싶은 그녀의 세상에 회오리바람이 매섭게 불어온다. 나는 무엇을 해줄 수 있는가. 병마에 굴복하지 않으리라는 믿음에 기대어 전화에 들려오는 음성으로 건강을 가늠해 본다.

잘 삶은 팥을 갈아 동네 할머니들과 새알을 만들어 동지죽으로 온 동네 잔치했다는 얘기를 아픈 사람 같지 않게 밝게 들려준다.

"와 맛있었겠다. 나도 먹고 싶은데."

침을 삼키며 먹고 싶다 전하는 말에 더 어려운 일도 얼마든지 할 수 있다고 자신만만한 음성이 환하다. 어디서나 빛이 되어주는 그녀, 그러나 가끔은 따뜻하게 안아주어야 하는 외로움을 안고 사는 그녀. 올겨울 춥지 않게 무엇을 해 줘야 할까. 멸치 대가리라도 싸 들고 그녀를 보러 갈까. 완행버스에 짭짤한 냄새 가득할 즈음 그녀가 마중 나올 그 삼거리로 마음은 부지런히 달려간다.

소원을 말해 봐

아이는 냉장고를 열고 내게 어서 오라고 손짓한다. 작은 손가락은 열심히 그 안을 가리킨다. 허락받아야 먹을 수 있다는 것쯤 알기 때문이다. 안 주면 금방 떼라도 쓸 것 같다. 선뜻 내어주지 못하는 할머니. 빈속에 찬 것 들어 가면 콜록거리는 감기는 어쩔 텐가. "밥 먹고 나면 주지." 설득해 보아도 소용이 없다.

냉동실 한쪽에 가득 쌓인 빙과류. 회오리 모양으로 뾰족하게 올라간 하나를 주니 만족한 표정이다. 달콤한 크림으로 범벅된 얼굴, 행복한 표정이다. 아직 말이 서툴지만, 당당히 요구하며 소원을 풀어간다. 할머니는 목수건을 둘러주며 하고 싶은 잔소리를 꿀꺽 삼킨다.

음력 사월 초파일이 조금 지난 어느 날. 지인들과 나선 여행길. 오색 연등이 숲길 따라 이어지고 있었다. 연등 아래 매달린 소원을 보았다. 바람에 날리며 부처님의 자비로 이루어지길 바라는 간절한 소원들.

하나하나 헤아려 보았다. 너나 나나 별반 다르지 않다. 멀리 또 가까이 있는 내 인연들에 보호막이 되고 울타리가 되어 출렁인다. 눈감고 두 손 모을 때는 그리도 절실하던 기도. 이루어진 날이 있으면 소멸하는 날도 있을 터. 내 소원도 부처님 눈에는 아이스크림에 목마른 손자처럼 보였을지 모른다.

소원의 이루어짐은 행복으로 가는 하나의 계단일 수도 있지만 새로운 하나를 쥐기 위해서는 손에 있던 것 먼저 내려놓아야 하리. 배가 고파도 가장 실한 씨감자를 아껴 땅에 심어주던 농부의 지혜를 생각한다.

"너희가 심지 않으면 내가 어찌 꽃을 피워 줄 수 있겠는가!"
하늘에 계신 분은 그렇게 말씀하신다. 땀 흘리지 않고 쉽게 얻을 수 있는 것은 내것이 아니다. 잠시 내 것인 양 곁에 머물러도 언젠가는 그만큼의 대가를 치러야 한다.

"불당 안에 밝힌 연등 값은 엄청 비싸다는데."
부러운 듯 올려보는 친구의 눈빛. 그의 소원은 비싼 연등을 올릴 수 있는 부자가 되는 것일까. 아니 부자가 되어도 신실한 믿음이 없으면 연등은 오르지 않을 터이다. 어떤 부모는 아들의 의학 공부를 위해 연등을 올린다. 인간의 생명을 연장하기 위해 실험대에 올려진 수많은 동물에게 사죄하며 기도한다. 연등은 많은 사연을 담고 중생의 아픔을 씻어주고 어루만지며 토닥여준다. 오색의 희망으로 기다림을 믿음 안에 있게 한다.

음력 7월 15일. 백중이 가까워지면 오색등은 걷히고 창호지로 만든 하얀 연등에 불을 밝힌다. 경내는 사월 초파일의 화려함에서 엄숙하고 조용한 분위기로 바뀐다. 과일과 채소가 많아 100가지 곡식의 씨앗을 갖추어 놓았다고 백종(百種)이라 부르기도 하지만 100명의 스님에게 음식을 대접한다는 뜻을 담기도 한다. 조상의 혼을 위로하는 날이기도 하다. 돌아가신 조부모님, 부모님의 이름을 올려 등을 밝히는 마음은 조상님의 천도를 밝혀주기도 하지만 베풀어주신 사랑에 보답하지 못한 미욱한 마음을 등불 하나에 의지해 참회하는 의식이 아닐는지.

연등에 불을 밝혀 본 몇 번의 기억. 그 기억의 자리에 오르지 못했던 한 사람. 어머니의 한이 되어버린 그 이름, 나도 어머니도 기다리기만 하다 칠십여 년이 흘렀다. 언젠가는 돌아올 사람이라고 믿었기 때문이다. 이젠 저세상으로 돌아가야 만날 수 있는가 체념한다. 오지 않을 배를 기다리는 어리석음으로 견뎌낸 세월이지만 뒤돌아서지 못하는 건 깊이 새겨진 젊은 날의 기억이 아직도 발목을 잡기 때문이다.

"네 아버지는 웃는 모습이 이뻤어야. 입매가 이뻤어."

그렇게 옛이야기 들려주는 순간, 어머니는 고향에 머무는 새댁처럼 행복해 보였다.

어머니 울지 말고 기다리세요. 사랑하는 아버지 빨간 배 타고 내일이면 곧 돌아오신답니다.

어린 딸은 노래의 의미가 무언지도 모르면서 열심히 불렀었다. 무릎을 굴신해가며 춤을 추었다. 바다 저 멀리 빨간 배가 오는 모습을 손으로 그려 보였다. 언젠가 아버지가 그렇게 오시리라 믿었다. 엄마의 슬픔도 그때는 끝나리라 믿었다.

이젠 한 걸음 옮길 때마다 숨쉬기도 버거워지는 지친 육신. 평생을 꿈꾸었던 해후.

그 자리에서 몇 날이라도 좋으니 울고 또 울고 싶었을 터. 가슴에 담아둔 서러움이 천근만근, 돌아갈 그 길도 험하고 아득히 멀어 보인다.

이승이 아니면 저승에서라도 이루어져야 할 소원. 하얀 연등을 올리면 그 이름 석 자에 아버지께로 가는 길을 열어 주실까.

"난 못 먹어야."

냉장고를 열고 아이스크림을 꺼내어주신다. 그날이 그날 같은 요양원 생활에서 딸이 오기만을 기다렸던가. 어머니가 내게 줄 수 있는 유일한 것. 이가 시려도 맛있게 먹는다. 손자가 나를 닮았나 보다.

3. 어느 봄날에

바람이 얼핏 불어오는 해 질 녘, 동적골 철쭉이 시들기 전에 보러 가자고 함께 나섰다. 분홍빛 꽃길을 저만치 앞서가는 남편을 본다. 멀리서 꿩의 울음소리가 숲 내음을 전해온다. 문득, 언젠가는 이 순간을 그리워할지도 모른다는 생각에 왈칵 눈물이 솟는다.

이 한 장의 사진
애첩 기질 본처 기질
쌀 한 자루
어느 봄날에
어떤 만남
어머니의 창
여행
우리의 여름나기
이 나이에
이별 후 愛
한 알이 땅에 묻혀
꽃무늬를 입어요
주말의 선물 같은

이 한 장의 사진

 잊지 못할 소중한 이들이 빛바랜 사진 속에서 나를 보고 있다. 너부데데한 얼굴의 신부는 복스러워 잘 살겠다는 덕담에 마냥 행복해 보이고 신랑은 귀공자처럼 의젓한데 나만의 느낌일지 모른다. 신랑 신부를 중심으로 양쪽으로 선 친지들의 모습은 50년 전으로 거슬러 머물러 있다. 친가와 외가, 나를 태어나게 한 근본인 분들 그리고 멀리서 가까이서 27년을 지켜주신 분들이 한자리에 모였다. 따로 설명하지 않아도 눈이 동글동글 큰 사람들은 신부 가족, 왼쪽에 도톰한 입술로 줄지어 선 어르신들은 감출 수 없는 신랑의 큰집 작은집 사촌의 모습이다.

나이 한 살이라도 젊어서 치르자고 날을 잡았다. 처음 선을 본 날에서 24일 만에 혼례를 치렀으니 콩깍지 씐 결혼이라 하지 않겠는가. 한해가 바뀌기 전에 서둘러 날 잡는 혼사는 그 시절에는 유행이기도 했다. 해가 바뀌기 전이라 하지만 실은 마음이 바뀌기 전이라 해야 하지 않을까. 요모조모 따지다 보면 보이지 않던 흠도 보일 것이니 부지런히 사성도 보내고 날받이도 보내 후딱 혼사를 치렀다. 부부로 맺어주면 잘 살리라는 어른들의 심사는 "검은 머리 파뿌리 되도록"이라는 신조를 지키는 우리네 정서를 믿었기 때문이다.

경제적으로 조금 나은 사람은 무등산 산장에서 하루 쉬고 오는 정도가 그 시절 신혼여행이었다. 조그만 상하방을 전세로 얻어야 하는 가난한 실정에 꿈도 꾸지 않은 여행을 시댁 어른들의 권유에 따라 온양온천으로 떠났다. 멋진 호텔을 상상하고 찾은 온천은 벽에 까만 동그라미 무늬가 그려져 있는 허술한 여관이었다. 곰팡이 같기도 하고 아닌 것도 같아 온천 탓으로 돌렸는데, 택시 기사가 멈춰준 곳에 말없이 들어간 우리, 지금 생각하면 바보들의 여행이었다.

초등학교에 갓 입학한 어린 조카는 신혼여행에서 돌아온 내게 그림 선물을 주었다. 만화의 공주처럼 예쁜 신부 모습을 그려서 가방에 넣고 다니던 그 아이에겐 고모가 세상에서 가장 예쁜 신부였던가 보다. 야구 선수가 꿈이라던 그 아이는 미국으로 떠났고 우리는 마음도 멀어져 소식도 모르는 남이 되었다.

십 년이면 강산이 변한다는데 오십 년의 세월은 강과 산만 변한 것이 아니라 우리네 모습도 마음도 변하게 했다. 사진 맨 앞줄의 올망졸망 어린 동생들과 조카들은 이젠 중년의 가장이 되었고 할아버지, 할머니 그리고 시어머님, 시숙님은 사진으로 볼 수밖에 없다. 머위나물을 좋아하시던 외할머니, 그 나물 한번 맛있게 대접 못 했는데 봄이면 지천에 머위가 가득하다. 어린 머위를 삶아 된장과 고추장 조금 넣고 참기름 한 방울로 고소함을 더하면 얼마나 맛있게 드실까? 살아계실 땐 그 맛을 모르다가 이젠 내가 꾸역꾸역 바보처럼 먹는다. 귀가가 늦어지면 대문 앞을 서성이며 기다리던 할아버지. 공원에서 만나는 친구들에게 막걸리 한번 나누는 것이 소원이었는데 그 소원을 들어드리지 못했다. 이제 나도 형편도 철들어 막걸리쯤이야 푸짐한 안주를 곁들여 잔치를 해드리고 싶은데 떠나고 안 계신다. 큰시누이님은 아담한 체구에 머리를 곱게 빗어

쪽을 지시고 여름이면 모시 치마저고리를 즐겨 입으셨는데 무척 다정하셨다. 가늘게 썬 면에 진한 팥물로 죽을 쑤어주셨는데 지금도 살아계신다면 그 죽 먹고 싶다고 말씀드리고 싶다. 가난이 몸에 배어 있어선가 내 그리운 사람들을 만나면 맛있는 그 음식을 가운데 두고 도란도란 얘기를 나누고 싶은 마음이 간절하다.

봄나들이를 나선 날이면 그리워지는 할머니.
"할머니 봄이 왔어요. 그곳에는 더 예쁜 꽃들이 있지요? 봄날 하루 날 잡아 꽃 따러 가시던 할머니, 진달래 꽃차를 만들었지요. 항아리에 담가 백일을 땅에 묻어두었다 잔병치레하지 말라며 주시던 그 차는 술처럼 노곤하게 만들었어요. 지금도 진달래를 보면 입맛이 시큼해지면서 취한답니다. 가끔은 그렇게 취해서 잊고 싶은 세월도 있었답니다."
아들딸 많이 낳아 외롭지 않게 살라시던 할머니.

하얀 면사포를 드리웠던 머리칼이 이젠 면사포가 없어도 하얗다. 세월은 사진만 퇴색시키는 게 아니라 우리 모습도 우리네 사랑도 그렇게 흘러가 버리게 한다. 만날 수도 없고 모일 수도 없는 그리운 모습들. 소중했던 순간 소중한 사람들. 사진으로 남은 추억이 내가 떠나는 날이면 모두 잊히겠지. 우리는 보이지 않는 끈으로 연결이 된 사람들. 당신은 내게 소중한 사람이라는 걸 알려주고 싶다. 어린 시절 미워하며 싸우고 살았던 그 세월마저 이제는 눈물겹다.

다시 한자리에 모여 이렇게 다정하게 마음을 모을 수 있는 그 날이 언제일까.

애첩 기질 본처 기질

『애첩 기질 본처 기질』이라는 수필집을 보았다. 방송국 아나운서로 활동하고 있는 이 작가는 애첩의 기질을 과감하게 생활에 접목하는 듯 화려한 외모로 방송에 등장하였다. 정열이 넘치는 눈빛은 살아있고 입가에는 미소가 넘쳤다. 금방이라도 흥겨운 노래를 부르며 걸음은 사뿐히 춤으로 이어질 것 같다. 보는 이로 하여금 나비처럼 날아올라 꽃향기에 취하듯 봄날에 머물게 한다.

"보기만 하여도 휴식을 주는 여자."

평생 애첩을 두고 살았던 집안 어르신 한 분, 칠순이 넘은 노년에도 젊은 아가씨에게 가는 눈길을 거두지 못하고 건네신 말씀이다. 남자가 바라보는 여자는 그렇게 미모를 갖추면 보는 것만으로도 행복해진다는데 한 번도 예쁘다는 찬사를 받아본 적 없는 나, 그 여자의 미모가 부러웠다.

"열 여자 싫다는 남자 없다. 오죽 못나면 한 여자 치마폭에 살까."

 아들을 변호하기 위해 며느리 앞에서 냉정하게 던지시던 외할머니. 정작 본인은 본처 기질의 테두리 안에서 벗어나지 못하시면서 하신 말씀이다. 평평한 일 바지로 부엌살림에서 벗어나 본 적 없이 육 남매가 책상에 앉아 공부하는 모습을 보며 행복을 찾으셨다. 그러나 내 딸만큼은 내 손녀만큼은 고운 여자로 남편에게 사랑받으며 살길 원하셨다.

 애첩과 본처, 아무리 현모양처라 불리는 규중의 여인이라 한들 한 여인의 본능에는 두 인자가 잠재해 있을 터, 삶의 꼬임과 풀림에 따라 세속의 불림은 극과 극으로 자리매김한다. 애첩(愛妾), 가끔은 '哀妾'으로 불러야 하는 그늘이 있다. 빈자리를 혼자 지키는 밤, 긴 기다림 끝에 찾아오는 기쁨은 언제나 순간이었고 언젠가 떠나보내야 할 내 사람이 아닌 남의 사람, 이별은 그 사람의 등 뒤에 따라다닌다. 때로는 대로에서 머리칼을 쥐어뜯기는 수모를 당한다. 남의 사람을 탐했다는 죄로 질시의 눈길이 더 아프게 파고든다.

 들에 핀 꽃은 향기는 진해도 생명이 짧다.

 그 수필집 어느 부분에선가 만난 구절, 거센 바람과 강한 햇살에 견뎌낸 야생이라 그 향이 진하지 않았겠는가. 그러나 집안에 핀 꽃은 생명은 길어도 향기가 없다고 노래한다. 생명은 짧아도 길어도 그 끝은 슬프다.

어제와 같은 밥상 오늘도 변함없다. 어제와 같은 낮이 지나고 밤이 지난다. 이것이 본처가 갖는 안녕이다. 야생의 생명력은 없지만 나도 진한 향기를 담아 보고 싶었다. 애첩의 미모는 먼 얘기지만 언젠가 상추에 고기를 싸주던 젊은 남자의 호의에 가슴 설레던 기억이 남아있다.

화요일 밤이면 멜빵을 늘여 잡고 〈밤안개〉를 불러주던 젊은 남자, 싱긋 던진 눈웃음이 다시 보고 싶어 TV 채널을 여기저기 돌려 본다. 감히 애첩의 자리에 그를 앉혀본다.

쌀 한 자루

달리는 기차의 창밖, 벼가 무르익는 황금 들판을 예상했는데 벼는 이미 거두어지고 텅 빈 들녘에 커다란 마시멜로 같은 하얀 뭉치가 자리하고 있다. 저것이 무엇인가 궁금했는데 곤포 사일리지란다. 볏짚을 비닐로 돌돌 말아 발효시켜 소의 사료로 쓴다는 것이다. 옛날에는 초가지붕을 새로 올리고 남은 볏짚은 잘게 썰어 소죽에 쓰이기도 했다. 아궁이 앞에 쪼그려 앉아 짚으로 불을 땠던 생각도 난다. 이제 초가집이 없어지고 남은 볏짚은 기계화 작업으로 사료로 만든다니 농부의 일손을 덜어주는 시대다.

이젠 햅쌀 준비를 해야겠다. 찰지고 고소한 햅쌀밥 한 그릇 밥상에 올리면 찬은 좀 부실해도 만족스러운 한 끼가 된다. 할머니는 묵은쌀이라야 밥이 늘어난다고 많은 식구 배불리 먹일 요량으로 묵은쌀을 고집하셨다. 정작 본인은 배부른 한 끼가 있었을까, 세월도 많이 흘렀건만 떠나고 안 계신 이제야 생각하는 어리석음이라니. 그때를 못 잊어 남은 밥 한 숟갈 버리지 못하고 긁어먹는 내 모습에 친구들은 배가 나온다고 나무란다.

시댁 가는 길목 초입에 당숙모님 댁이 있었다. 명절이면 그냥 지나치기 어려워 들어다 뵙고 적은 용돈이라도 드리는 일, 예의라 생각했다. 고령에도 막걸리를 손수 빚어 맛보게 하는 부지런한 분이셨다

집에 돌아가는 날 보자 하시더니 쌀 한 자루 주셨다. 아들도 딸도 많은데 우리까지 챙겨주시다니 웬일인가 싶었다. 고마운 마음에 덥석 받아 들었다. 하얀 햅쌀을 기대하고 풀어본 자루 안에는 거무죽죽한 묵은쌀이 큼큼한 냄새를 풍기고 있었다. 일 년 묵은쌀도 아니고 이삼 년 해 묵어 까만가 싶었다. 못 먹으니 준 건가 싶어 남편에게 구시렁거렸다. 남편은 "그럴 리가, 그럴 리가?" 의심을 풀어주려 하지만 해 넘긴 달력도 아까워 뒷장에 노트로 쓰시는 당숙네다.

누룽지로 만들었다. 큼큼한 쌀이지만 버릴 수는 없었다. 약간 탄 내음이 묵은내를 덮어 먹을 만 하였다. 쌀이 남아돈다고 해도 허술히 버리면 안 되는 것이었다.

둘만 낳아 잘 기르자던 산아제한의 시절이 있었다. 가난에

허덕이면서도 칠 남매, 팔 남매를 둔 가정이 대부분, 쌀도 보리도 귀해 산에서 주워 온 도토리로 죽을 쑤어 먹었다. 봄이면 파랗게 지천으로 피어나는 둑새풀, 독이 있어 못 먹는다는 그 풀을 먹을 수 있으면 좋겠다고 생각했다.

엊그제 같던 그날들이 그리 멀지 않은데 쌀은 남아돌고 태어나는 어린이는 줄고 노인만 많아진다. 아기 없는 텅 빈 세상 소원하는 대로 흘러가지 않을 미래의 세상에 이 문제를 풀어낼 지혜를 가진 자는 없을까.

농협에서 쌀소비를 위한 캠페인으로 글을 공모하였다. 배고픔에 허리를 졸라매야 했던 사연을 담아 보았다. 그리고 냄새 나는 쌀 선물을 주제로 속상했던 가슴을 풀었다. 무시당한 것 같아 서운했던 마음이 글로나마 풀고 나니 위로가 되었다.

복은 어디서 오는지 알 수 없다. 상금 십만 원이 은상으로 배달되었다. 그리 큰돈은 아니지만 햅쌀 20키로를 두 자루나 살 수 있었다. 우리 식구라면 반년은 넉넉히 먹을 양이다. 그 묵은쌀 이야기가 윤기 나는 햅쌀을 배로 불러온 것이다.

누가 버린 것인가. 오늘 아침 열어본 음식물 수거함에 보리굴비가 몇 마리, 그 위에 맛있어 보이는 묵은김치가 뭉텅이로 보인다. 옛날 춘궁기를 겪은 이들은 이렇게 버리진 않았으리라. 가만히 그것들을 눈여겨본다. 내게 주어졌다면 훌륭한 한 상차림으로 식탁에 올랐을 터. 쌀도 김치도 보리굴비도 누구의 손길을 받느냐에 따라 쓸모없는 쓰레기가 되기도 하고 대접의 자리에 오르기도 한다. 쓸모없다고 내쳐진 사람도 누군가에게는 소중한 인연으로 평생의 고락을 나누지 않던가.

해묵은 쌀로 투덜거린 내 얘기는 남편만 아는 비밀이었지만 지금은 하늘에 계신 당숙모님도 알고 계실지 모른다. 버리지 않고 주신 것에 대해 이제는 감사드린다. 쓸모 있게 쓰는 지혜를 덤으로 주신 것 같다. 이 세상에 쓸모없는 것은 하나도 없다는 것을 알게 하셨기 때문이다. 새 생명의 탄생도 그렇게 만인에게 찾아와 주길 빌어본다.

어느 봄날에

　비가 온다. 하루만 일찍 내려주었다면 고성의 산불이 일어 나지 않았으리라, 축구장 120여 개의 면적에 울창하게 자라는 나무를 삽시간에 태워버렸다. 몇 년 전 그리스 산불에 가졌던 공포가 우리 일이 될까 두렵다. 이 비가 한시바삐 북상해서 전국의 산을 적셔주길 하늘에 빈다.

　내 어린 시절에는 식목일이 되면 전 국민이 묘목과 삽을 들 고 산에 올랐다. 민둥산을 없애자고 얼마나 치산에 힘썼는가. 긴 세월지나 흰머리 날리며 외국 여행에서 돌아오던 날 녹색 으로 짙게 물든 산하를 보며 뿌듯했던 가슴, 미처 깨닫지 못 했던 우리의 아름다움을 남의 나라를 다녀온 후에야 알게 되 는 일. 가끔 눈길을 남에게 주어 보는 것이 내것을 알게 하는 길이 되기도 한다. 그러나 수십 년을 가꿔온 세월의 흔적이 삽시에 잿더미가 된다는 것. 예고 없이 일어난다. 할아버지의 한평생을 바쳐 이룬 숲이 잿더미가 되었다. 다시 수십 년의 세월을 지나 손자가 할아버지 되는 그날에야 제 모습을 찾을 수 있을까. 분별없는 사람에 대한 분노가 치밀어 오른다.

봄이 오면 농촌 지역의 공무원은 휴일이 없어진다. 산불 예방을 위해 상시 대기 근무다. 고향에 내려온 다정한 친구와의 술 한 잔도 시간 내기 어렵던 친구. 오늘은 비가 내리니 잠시라도 휴식을 얻었을까.

5월의 연휴가 시작되었다. 사회적 거리 두기가 필수인데도 살랑이는 봄바람이 유혹한다. 소파에 길게 누워 게으름을 피우는 일, 애국에 일조하는 것이라고 마음을 다독인다. 산불도 이 비에 잦아들고 아이들 손잡고 바깥 구경 나서려던 마음도 잠재우리라. 내일은 확진자 제로를 덤으로 기대하며 TV 화면을 본다.

입석대의 우뚝 솟은 바위가 보인다. 영상은 "무등산을 사랑하자." 캠페인 중이다. 정상에 오르는 길에 억새가 흔들리는 풍경이 이어진다, 문득 그곳에 섰던 젊은 날의 내 모습이 생각난다. 그 머릿결 날리는 바람 속에 다시 서 보고 싶은 충동. 남편에게 내일 산에 오르자고 넌짓 말을 건네니 고개를 흔든다. 산에 가지 않는 것이 산을 사랑하는 것이라는 대답만 무심히 던진다. 원효사에서 너덜겅으로 가는 길목에 피어나던 진홍빛 철쭉. 그 예쁜 것들이 시들어 갈지도 모른다. 부지런히 찾아가 함께 있어 주는 것이 사랑하는 것이라고 반박

했지만 진실로 서운한 것은 마누라 사랑하는 마음이 없는 남편의 무관심이다. 가자미눈이 되어 흘겨보았다.

사사건건 세상 보는 눈이 나와 반대인 남편, 그때마다 서로 충돌했는데 요즘은 그의 말에도 일리가 있다고 고개를 끄덕인다. 부부는 서로 닮아간다는 말이 이래서인가. 사랑한다는 일은 거리를 두고 바라보기를 원하지 않을까. 거리를 둔다는 것은 스스로 자신을 통제해 나갈 시간을 기다려 주는 마음이다. 왕래가 잦다 보면 불이 난다는 것, 산에서만 일어나는 일이 아니다. 태우다 재로 남는 건 산만이 아니다. 순간의 실수가 순간의 방심이 평생의 상처로 눈물짓게 한다. 무분별한 사랑이 그러하지 않던가. 안식년을 두어 긴 휴식으로 복원되어야 할 생태계, 우리의 발자국을 줄이면 거기에서 무수히 살아날 생명이 있지 않겠는가.

손녀의 돌날이 가까워진다. 친지들의 축하 속에 돌잡이 할 그날을 손꼽아 기다렸다. 정작 가까워진 몇 날을 앞두고 갈등이 인다. 갈 것인가 말 것인가. 광주에서 수원까지 두 시간, 아들 집에 도착하기까지 내 곁을 지나갈 수많은 사람. 손녀 앞에 도착한 그 순간에 나는 전하지 말아야 할 것을 전할지도 모른다. 산을 태워버리는 뜨거운 불이 우리의 발걸음을 붙잡더니 눈에 보이지 않는 바이러스가 사랑하는 사람들의 손을 멀리멀리 밀어내버린다. 평생에 한 번 받는 축복의 날. 통통한 아이의 손을 잡고 걸음마 해보고 싶은데, 안아보고 싶은데, 보이지 않는 적과의 전쟁을 승리로 이끌기 위해 나는 잠시 멈추어야 한다.

　요즘 뉴스는 코로나를 극복한 의료체계 선진의 나라 코리아를 극찬하고 있다. 사재기가 없는 성숙한 시민의식, 투명한 정보 공유로 발 빠른 방역체계를 구축함에 세계를 주름잡는 강대국들의 찬사가 이어진다. 우리가 모르는 사이에 이만큼 성장했는가. 코리아가 자랑스러웠다. 친정이 잘살면 시집에서도 기를 펴고 산다더니 외국의 교포들이 감동의 메시지를 전해온다. 조금만 더, 긴장을 늦추지 말고 방역에 협조해 달라는 질병관리본부의 당부에 내가 지킬 수 있는 일이 무엇인가를 생각해 보았다. 깔끔한 마무리로 내 나라의 명예를 지키는 일이 나를 지키는 일이다.

　잘 달리기 위해서는 브레이크를 잘 관리하라고 한다. 그러나 본능의 제어는 왜 이리 힘든가. 젊은이들의 밤 문화는 가장 사랑하는 사람들에게 고통을 안겨주었다. 몇 시간의 흥겨움에 빠져 국민 간의 약속과 믿음에 실망을 안겨주었다. 조금씩 발을 내밀어 바깥세상의 문을 기웃거리는 내 모양새도 불쌍해진다. 이것쯤이야 별일 없으리라 하는 마음에 점심을 약속하고 시답잖은 얘기로 속을 풀어보려는 나도 그들과 별반 다르지 않다. 바람도 통하지 않는 방호복으로 하루를 보낼 의

료진에게 실망을 주어서는 안 된다. 개선이 보이지 않고 협력이 보이지 않는다면 일도 힘들어질 것이다. 다시 브레이크를 점검해야 한다.

날마다 한 얼굴만 바라보게 된 몇 달. 요즘 부부싸움이 늘어난다는데 별일 없냐고 이모가 안부를 물어온다. 해가 떠도 달이 떠도 같이 있고 싶던 그런 날이 있었을 텐데 사랑은 변덕을 부린다. 싸움? 우리에겐 그게 없다. 왜 없을까. 사이가 좋아서도 아니다. 답은 간단하다. 기대치가 없다. 목이 아프게 설명해도 변하지 않는 사람, 포기하고 나니 원망도 없다.

무료한 시간 무얼 할까 궁리하다가 그동안 생각으로만 그쳤던 일을 했다. 영정사진 준비다. 유사시 객지의 자식들이 급하게 내려와 사진첩을 뒤질 일이라도 줄여주자는 생각이었다. 검정 양복에 자줏빛 넥타이, 숱이 많아 보이는 단정한 머리가 젊은 날의 남편 모습 그대로이다. 어버이날 꽃바구니를 앞에 두고 행복에 찬 넉넉한 얼굴. 감추지 못한 주근깨가 얼핏 보이지만 내 모습 그대로이다. 이 영정사진을 보며 조문객은 내가 기억하지 못하는 또 다른 나의 모습을 떠올리리라. 사진 두 장 준비했는데도 큰일을 해낸 사람처럼 마음이 가벼워진다. 삶의 마무리를 위한 첫 단추를 채운 것이다. 우리 두 사람 중 누가 먼저 저 사진 앞에 마주 앉게 될까. 이별을 고하는 날, 나는 누구를 기다리게 될까. 그날에도 눈물 나게 보고 싶은 사람이 있을까.

 바람이 얼핏 불어오는 해 질 녘, 동적골 철쭉이 시들기 전에 보러 가자고 함께 나섰다. 분홍빛 꽃길을 저만치 앞서가는 남편을 본다. 멀리서 꿩의 울음소리가 숲 내음을 전해온다. 문득, 언젠가는 이 순간을 그리워할지도 모른다는 생각에 왈칵 눈물이 솟는다.

어떤 만남

 입하가 가까워지면 가로수 이팝나무에 하얀 꽃이 눈처럼 피어난다. 보릿고개 힘든 시절 허기진 눈에 하얀 쌀밥으로 보이기도 했을 꽃. 옛사람들은 왕족이나 양반인 이 씨가 먹는 하얀 쌀밥을 닮았다고 이밥 나무라 불렀다 한다. 거리가 하얀 꽃들로 눈이 부시길 기도하며 이 나무를 심었을 텐데, 어떤 나무는 머리숱이 빠져나간 노인네처럼 듬성듬성 피어나고 어떤 나무는 고봉으로 담긴 하얀 쌀밥처럼 풍성하게 핀다.
 나무는 꽃으로 기억한다. 꽃 지고 나면 아무도 그 이름 부르려 하지 않는다. 보고 싶어 기억을 더듬어도 잊힌 이름이 있다. 이 봄에 갑자기 생각나는 한 사람. 갚아야 할 빚이 있다는 걸 이제야 알았기 때문이다. 무엇엔가 홀려 시간 가는 줄 모르고 놀다가 해 질 녘에야 등 뒤에 말없이 기다리는 사람이 있다는 걸 알게 된 철부지다. 긴 세월 지나 그를 만나야 한다는 생각이 들지만 이름도 거처도 찾을 길이 없다. 처음 만나던 그날, 이팝나무 하얗게 피어난 듯 고운 모습, 그분의 등 뒤로 눈이 부신 햇살이 함께 왔었다.

우리는 한 주에 두 번씩 마주 앉았다. 성경을 알고 싶다는 나를 위하여 비가 오나 눈이 오나 변함없이 찾아와주었다. 준비해 준 책자의 요점을 정리하고 그분의 질문에 답하기 위하여 열심히 공부하였다.

세월이 가면 믿음도 따라오리라 믿었다. 그러나 시간이 더해져도 늘 비어있는 제자리였다. 혹자는 혹독한 시련 뒤에 축복받게 되었다는 얘기도 있지만 그 시련도 주어지지 않았다. 눈에 보이는 것만 인정하는 생각의 오만은 오랜 시간 정성 어린 말씀에도 열리지 않았다.

레크리에이션 게임을 한 적이 있었다. 2인 1조가 되어 목적지에 안전하게 가기 위한 게임이었다. 한 사람은 앞서 인도하고 한 사람은 두 눈을 가리고 따라간다. 서로 손을 놓지 않아야 하고 앞선 사람은 길에 대해 자세히 설명하면서 이끌어야 한다. "이제부터 계단을 오릅니다." "내리막길입니다." 따르는 사람은 이끌어주는 사람에 대해 무한한 신뢰로 따라야 한다. 목적지에 도착한 다음 눈을 뜨고 나면 그동안 믿으며 의지했던 마음에 더할 수 없는 가까운 사이로 발전하게 된다. 친밀을 넘어서 강한 믿음을 갖게 되는 신비한 게임이다.

그가 인도하는 길을 열심히 따라갔지만, 몇 가지 의문점을 풀지 못한 나의 의지는 목적지에 도달하지 못했다. 보여 주고자 하는 아름다운 세상은 깊은 바다에 있었고 물의 두려움을 떨쳐내지 못하고 물가만 뱅뱅 돌다가 발이 젖을까 뒷걸음친 나는 접점을 찾지 못하는 이별을 초래했다. 십 년 이상 연상이었으니 이제 구순에 가까울 터. 만날 수 있다면 풀지 못한 의문점은 멀리 던져 놓고라도 보고 싶은 마음 하나로 달려가고 싶다.

그 시절 우연히 들르게 된 그의 부엌에서 잘 닦인 냄비를 보았다. 불 위에 올려 찌개를 끓이는 냄비가 저렇게 깨끗할 수도 있는가. 그것은 그분의 청렴이기도 했다. 부엌의 풍경이라도 닮아보고자 수세미를 들어 열심히 냄비를 닦았다.

우리는 성경 말씀 이외의 대화는 나누지 못했다. 자투리 시간이라도 틈을 내어 자신의 얘기라도 들려주었다면 더 가까워지지 않았을까. 나처럼 허술한 모습도 보여 주었다면 잡은 손을 놓지 않았을지도 모른다. 자신을 징검다리 삼아 보여 주고 싶은 세상으로 건너오게 했다면 내게도 그 낙원이 가까이 보이지 않았을까.

그분의 후배들이 내 주위에 친구처럼 머문다. 종종 매스컴을 타고 국방의 의무를 다하지 못한다는 비난이 빗발쳐도 흔들리지 않는다. 결코 틀린 주장은 아니라고 그들의 편에 서는 나. 멀리 떠나왔다고 생각했는데 그분의 손길은 아직도 내 손을 잡고 있는가.

가로수길 걸어가며 한참 피어나는 이팝나무를 본다. 풍성하게 피어난 꽃송이, 쏟아질 듯 탐스럽다. 그 곁에 나를 닮은 초라한 나무 한 그루, 말을 걸어본다.

"너는 왜 이렇게 조금밖에 피우지 못해."

어머니의 창

또 지직거린다. 볼륨을 조절하는 부분이 말썽이다. 이제 좀 쉬고 싶다는 반항인가. 내 곁에 머문 세월이 얼마인가. 손을 꼽아보니 어림잡아 스무 해를 넘긴 것 같다. 네모난 테이프로 음악을 듣다가 동그란 시디의 시대로 바뀌면서 그 깨끗한 음색에 노래의 맛이 달라지는 것 같았다. 안방으로 부엌으로 자리를 바꿔가며 충실하게 제 임무를 다해주더니 오늘 불만 가득한 데모인가. 겉은 말짱한데 버릴 수 없다는 생각이 앞섰다. 궁여지책, 장아찌 만들 때 쓰려고 주워 온 누름돌을 볼륨 단추 위에 올려보니 신기하게도 맑은소리가 울려 퍼진다.

그렇게 돌 하나 얹어서 제자리를 찾아갈 수 있다면 얼마나 좋을까. 어머니의 굽은 허리는 이제 펴지질 않고 걸음은 더디다. 마음처럼 발이 따라주지 않아 팔만 앞뒤로 열심히 흔들어 느린 걸음을 재촉한다. 펭귄처럼 걷는다고 놀렸지만 세월 가면 그 모습이 내 모습일 거라는 예감에 슬며시 입을 다물고 만다.

　서늘한 바람이 분다. 따뜻한 내의와 외출복을 챙겨 어머니 만나러 가는 길. 농성역 1번 출구로 나오니 옥잠화가 그 넓은 잎을 너울거린다. 지지난 주에는 목이 긴 하얀 꽃들이 피어나 더위를 잊게 했는데 때 지난 몇 송이 흔적으로 남아있다. 보랏빛 맥문동꽃도 시들고 그 자리에 녹색 방울이 매달려 씨앗을 준비하고 있다. 어머니는 몇 년 전만 해도 이곳으로 산책을 나오셔서 꽃들의 안부를 물으셨다.

　시골에 작은 집 하나 장만해드리고 싶었었다. 텃밭 가꾸길 좋아하시니 호박도 심고 깻잎도 키워 거두는 즐거움을 드리고 싶었다. 갖가지 김치를 장만하여 우리집 냉장고에 줄 맞춰 넣어주고 만족스러운 표정으로 돌아가시던 젊은 날의 어머니가 보고 싶었다. 통장의 동그라미 헤아리다 이젠 여유롭다 싶어 바라보니 몸을 가누기도 힘든 세월이 흘렀다.

　요양원 작은 방. 침대 여섯 칸이 마주 보고 있다. 식사도 똑같이 옷도 똑같이. 화요일이면 함께 목욕하고 침 맞는 날이면 조금씩 다른 자세로 의사를 기다린다. 허리도 아프고 무릎도 아프다. 각자의 아픈 곳을 드러내 놓고 의사 선생님을 기다리는 풍경은 보기에 민망하다. 침 맞느라 엉덩이 보이는 것쯤이야 부끄럽지도 않은데 방문객이 오면 여섯 할머니의 시선이 급하게 따라온다. 식사를 챙겨주는 도우미와 약을 챙겨주는 간호사, 그들이 말벗이다. 냉장고에는 어쩌다 찾아오는 자식들이 채워주고 간 간식들이 가득하지만 먹고 싶던 날이 있었을까.

서쪽으로 난 작은 창. 시원한 바람이 넘나든다. 바람만이 아니다. 어머니가 침대에 앉아 유일하게 바라보는 바깥세상. 높고 낮은 지붕들이 이어진다.

"저기 저 노란색 베란다가 보이지. 그 아래로 작은 창문이 보이고."

"가끔 그 베란다에 남자 둘이 보인단다. 한참 얘기하다 들어가는데 그 아래 창문에 불이 켜질 때도 있어 거기서 사는 사람일까. 오른쪽 창문은 불이 켜진 적이 없어 아무도 안 사는 가봐."

날마다 두 남자가 보이길 기다리며 하루를 보내셨었나. 그 작은 창으로 보이는 지붕 위의 풍경과 빈 하늘, 고개를 주억거리며 모이를 찾는 비둘기 몇 마리. 그것이 어머니의 하루를 지켜주는 전부인 것 같다.

겨울에 입을 두꺼운 옷, 도로 가져가라고 내어주신다. 즐겨 부르던 노래 악보도 필요 없다며 옷 보따리에 묶는다.

"내가 밖에 나갈 일이 없구나."

이곳에서 입는 환자복 하나면 족하다고 눈을 감으며 누우신다.

십 년만, 세월을 되돌릴 수 있다면….

어머니 머무는 창가에 수세미 주렁주렁 열리는 가을을 보여드리고 싶었다. 몰려오는 태풍 때문인가. 돌아오는 길 하늘은 어둡고 바람은 드세어 옷깃을 파고든다. 비라도 내리면 어머니는 어디를 보며 살까.

베란다에 머물던 두 남자는 그리 멀지 않은 창가에서 한 할머니가 그들을 보고 싶어 창문을 열어두고 기다린다는 것을 평생 모르고 살리라.

여행

 "이 나이 되도록 인천공항 구경 한번 못한 사람 나 말고 또 있을까." 환갑이 넘도록 해외여행 한번 못 했다고 한탄하던 이모, 이제는 심심찮게 비행기를 탄다. 얼마 전 아들과 딸, 손자들까지 삼대가 모여 필리핀 휴양지에 머문 기쁜 순간을 영상으로 전해왔다. 소원을 이룬 이모를 보며 내가 다녀온 듯 보고 또 보았다. 지난해에는 일본으로 하와이로 휴일을 채우더니 올봄에는 지심도 동백이 지기 전에 가야 한다고 서두는 모습이 늦바람난 여인네다. 우리가 찾는 행복은 여행의 순간인가. 바다를 보고, 별을 보고, 꽃을 보는 그 순간 사랑하는 사람의 손을 잡고 함께 머물 수 있다는 일, 얼마나 큰 기쁨인가.
 젊은 날의 여행은 미지의 세계로 향한다. 아름다운 경치나 신비한 세상을 보려고도 하지만, 예상 못 했던 사건이나 만남을 과감히 부딪쳐 볼 용기로 두려움과 설렘을 앞세워 배낭 하나 메고 혼자 떠나기도 한다.

그러나 노년의 여행은 어떨까. TV에서 <꽃보다 할배>라는 이름으로 할아버지들의 유럽 여행을 보여 주었다. 젊은 배우가 동행하며 충실한 뒷바라지로 편안한 길을 열어 주지만 체력 관리에 부실한 한 사람은 다리가 아프다고 쉴 자리만 찾는다. 노년의 여행은 평소 건강을 챙겨야 가능하다.

연극인은 역사의 거리에서 주인공의 연기를 재연해 보며 회상에 잠기고 애주가는 술 없는 저녁 식사에 불평한다. 하루를 보내는 모습이 가치관에 따라 다른 눈길로, 다른 생각을 나눈다. 술값을 아껴주려는 마음에 사양했는데 알고 보니 고기도 많이 먹고 눈이 게슴츠레할 때까지 함께 마시는 친구를 좋아한다. 내가 주는 음악을 더 달라고 보채는 친구를 좋아하듯이 술꾼도 그러는가 보다.

후편에서 함께 참여한 젊은 여배우의 활약은 대단했다. 남자들만의 공간에 젊은 여인의 미소가 이토록 활기를 주는가. 무겁던 분위기에 생기가 넘친다. 미모가 갖는 힘은 공중을 날아가는 양탄자를 탄 듯 천 리 길도 거침이 없다.

<꽃보다 청춘>으로 주인공들이 60~70대에서 젊은 30대로 바뀌니 거동만 빨라지는 게 아니라 끝없이 이어지는 대화는 즐거움을 아낌없이 표현하고 상황에 맞는 절약과 협동, 낭만이 펼쳐진다. 따라가는 여행이 아니라 찾아 나서는 명쾌함을

보여준다. 보는 여행이 아니라 참여하는 여행이다. 감동의 자리에 서면, 젊은이는 사랑하는 가족들과 함께 이곳을 다시 찾아오겠다는 약속을 자신에게 다짐하고 할아버지는 함께 오지 못한 부인에게 아쉬움을 전한다. 다시는 오지 못하리라 예감하기 때문인가. 해지는 저녁노을을 지켜보는 감흥도 나이 따라 다르리라.

내가 좋아하는 여행은 아름다운 경치를 찾아가듯이 아들을 만나고 딸을 만나러 가는 길이다. 달리는 차 창 밖으로 경치는 계절 따라 변한다. 개나리가 봄을 알리고 벚꽃이 날리는가 싶으면 금방 아까시가 산에서 눈길을 끈다. 보리가 익어가고 모내기 시작되는 논밭이 여름을 예고할 즈음이면 멀고 가까운 산들은 녹음이 짙어지며 잘 숙성된 빵처럼 나무들이 부풀어 오른다. 이내 가을, 시원한 바람 불어 애들 옷을 챙겨주어야겠다고 나서노라면 들녘에 벼는 황금빛이다. 삭막하리라 예상했던 서울 거리에서 노랗게 물들어 떨어지는 가을 금관, 은행나무의 아름다움을 보았다.

계절을 만나고 즐기는 여행길은 아이들 집 현관문을 열면서 잠시 막을 내리고 나름의 할 일을 찾아 앞치마를 두른다. 냉장고를 정리하고 화장실 타일을 문질러 때를 벗겨내고 창틀 아래 쌓인 먼지를 닦아내며 아들과 딸의 거처를 정갈하게 다듬어 주는 일, 내 몸이 땀으로 범벅이 되지만 얼마나 든든한 일인가.

　상도동에 사는 아들 집의 정리가 끝나면 영등포 가는 버스를 탄다. 영등포 시장을 한 바퀴 돌면 감당키 힘들게 어깨가 무거워지는 보따리, 그 시절 내 오른쪽 어깨는 빨갛게 자국이 나 있어도 아픈 줄 몰랐다. 딸에게 주고 싶은 그것들을 챙겨 행신동 가는 버스로 환승을 한다. 서울에서 살려면 이 많은 버스 번호를 어떻게 기억해야 하나 걱정했더니 그리 복잡한 세상은 아니다. 타야 할 버스의 번호만 기억하고 타는 곳과 내릴 곳만 기억하면 어디든지 갈 수 있다. 삶의 모습도 마찬가지다. 내가 할 수 있는 일 한 가지만 잘한다면 내가 할 수 없는 부분은 남이 채워주어 함께 어울려 살게 된다. 빠르면 한 시간, 차가 밀리는 퇴근 무렵이면 삼십 분쯤 더 걸리는 그곳에 딸이 산다. 한강 변 수많은 차량의 행렬 위로 유난히 붉게 빛나던 태양, 뭔가 하루의 의미를 되새겨 보게 하는 빛, 얼마 남지 않은 거리에 그도 쉼터가 있으려나. 돌이켜보니 그 버스 안에서만 만나는 풍경이었다.

　이제는 아들도 딸도 내 손길을 기다리지 않는다. 모두 제 짝을 찾아 둥지를 만든 지 십 년, 아들 셔츠를 다려주고 싶어 결혼했다는 며느리의 알뜰함에 무딘 내 솜씨는 이제 멀찌감치

물러서 손자의 재롱으로 눈길을 돌린다.

　마음껏 뒤지던 아들 서랍, 그 안에 쌓여있던 보물 같은 동전들, 모두 모아 한 뭉치 무겁게 들고 간 은행에서 통장의 잔액을 올려 주었는데 이젠 카드를 사용하니 어쩌다 떨어진 동전도 내것이 아니다. 언제라도 보고 싶으면 달리던 여행길. 늘 나를 기다리던 문, 이제는 아무 때나 오라 하지 않는다.

　그 시절 내가 정작 원했던 것은 식탁에 마주 앉아 도란도란 긴 얘기 나누고 싶었었다. 나 모르는 아들의 직장생활도 엿보고 싶고 딸이 만나는 사람들의 얘기도 들어 보며 가까이 머물고 싶었다. 그러나 일에 시달려 휴식이 필요한 애들, 내일을 위해 잠을 재워야 하고 아침이면 단잠을 깨울 수 없어 문 앞을 서성거리다가 돌아오곤 했다. 며칠간의 여정으로 떠난다는 것. 여행을 핑계로 우리는 하나로 묶여 온전히 곁에 머물러 보고 싶어 하는 것 아닐까.

　멀리 있어야 아름다워 보인다는 말, 그래서 더 애틋하게 보고 싶은가. 작은 적금 하나 시작하며 꿈을 꾼다. 앞서거니 뒤서거니 바람을 맞으며 손자들이랑 시원하게 달리고 싶다, 드넓은 초원으로.

서울에서 살려면 이 많은 버스 번호를 어떻게 기억해야 하나 걱정했더니 그리 복잡한 세상은 아니다. 타야 할 버스의 번호만 기억하고 타는 곳과 내릴 곳만 기억하면 어디든지 갈 수 있다. 삶의 모습도 마찬가지다. 내가 할 수 있는 일 한 가지만 잘한다면 내가 할 수 없는 부분은 남이 채워주어 함께 어울려 살게 된다.

〈봄의 언덕〉 80F(유채화)

우리네 여름나기

　입맛 없어 세 끼 챙기기도 버거운 여름날, 삼겹살집에서 점심 한 끼 때우자고 친구들을 초대했다. 칠순을 넘어 팔순을 향해 가는 노인네들, 그동안 바깥바람 시원하게 마주하는 날 없이 아침부터 저녁까지 잔소리 끊임없는 마누라 얼굴만 봐야 하는 지겨움에서 해방되는 날이다. TV로 하루의 무료함을 이겨낸들 내 얘기 들어줄 사람 없어 입에 곰팡이가 생길 지경이었다. 오랜만에 풀어볼 이야기보따리 싸매 들고 나서는 마누라 따라 종종걸음 바쁘다.

　지난달 부정맥 증상으로 응급실을 찾은 진태 씨, 금주령이지만 오늘은 시원한 맥주 한 잔 마셔도 그땐 병 이겨낼 것 같은 기분인가 보다. 휴가차 오겠다고 약속했던 아들 내외, 하필이면 그날에 맞추어 영감님 부부에게 코로나가 미리 방문해 버려 하늘의 별 따기만큼이나 어려운 자식들 보기가 무산되어 버렸다. 그래도 전화나마 위로받을까 싶었는데 소식이 없다고 정 여사 소주 한 잔 벌컥 마신다. 의사 아들에게 아버지의 응급실 입원 소식을 알려도 우울증 아니냐며 대수롭지 않게 넘겨버린다며 서운한 표정이다.

가끔 밤중에도 119를 불러야 하는 이모네. 남편이 암으로 위를 절제하고 완치는 되었다는데 어떤 음식이 말썽을 부릴지 늘 불안하다. 아들이 피서 가라고 예약해주는 리조트도 이젠 장거리 운전이 두렵다. 가까운 계곡에 발 담그던 기억이 생각나 슬며시 가고 싶은 맘 일어도 어느 잔돌에 미끄러져 넘어질까 조심스러운 늙은이가 되어버렸다. 올가을에는 별일이 있어도 제주에 다녀오자고 다짐한다. 내년에는 우리가 못갈지도 모른다고.

몸으로 떠나지 못하는 여행길이지만 입으로라도 떠들고 나면 조금은 아쉬운 마음 덜어진다. 진주에 사는 아들네 찾아가서 거제도 쪽으로 운전을 부탁해 다녀오자는 약속을 자신 넘치게 하는 시누이님 앞에서 우리도 박수로 답하며 그러자고 대답한다. 그러나 그 약속 이루어지리라 기대하는 사람 없다. 아들네 바쁜 사정도 알지만 긴 여행길 나서기 힘든 건강을 알기 때문이다. 상상만으로도 다녀온 듯 즐거움이 이어지는 자리, 네 마음 내 마음이고 네가 하는 말 내가 하고 싶던 말이다. 평소에 소주 두 병이면 만족하던 술자리가 오늘은 네 병까지 이어진다. 주로 마시는 쪽은 우리 남편과 대학 동창인 정 여사 두 사람, 유달리 정 여사 발음이 꼬이는 날이다.

새침하던 손녀가 이젠 애교스럽게 품에 안긴다. 아들 내외가 귀한 휴가 날짜 맞추어 찾아오는 일, 큰 효도다. 하룻밤 머물고 가지만 그날을 위해 냉장고는 가득 채워지고 에어컨은 오랜만에 기능을 발휘한다. 장난감 상자는 거실에 펼쳐지고 할머니가 만들어 둔 개구리도 손자의 손길 따라 폴짝폴짝 뛰어든다. 오면 반갑고 가면 시원섭섭하다는 얘기, 고개를 끄덕이면서도 그래도 한 사흘 더 있어도 좋은데 내가 십 년만 젊었어도 더 잘해줄 수 있다는 아쉬움이 남는다. 아무리 좋은 경치를 본다 한들 내 아이 고사리손 잡아 본 행복에 비교될까. 아이들이 떠난 자리를 정리하니 두 사람만의 공간으로 다시 고요가 찾아든다.

빨간 고무 대야에 물을 받는다. 샤워기로 시원하게 물을 둘러쓰면 좋을 텐데 나의 여름나기는 촌스럽다. 커다란 대야에 물 받아 쓰는 나를 아이들은 이해 못 한다. 대야에 샤워기를 눕혀두고 누름돌 몇 개를 얹어두면 개여울에 흐르는 물소리다. 계곡에 머문 듯 마음이 시원하다. 속삭이듯 흐르는 물소리에 취해 한 바가지 물을 퍼 몸에 붓는다. 그 옆에는 햇살도 머물고 바위 사이 푸른 이끼도 촉촉하다. 풀잎에 부드러운 바람도 흐르는 듯하다. 돌로 문질러 깨끗이 닦아둔 고무신도 그 옆에 있었지. 시골의 먼 길 떠나지 않아도 내 집에 계곡을 불러들이는 일 어리석은 듯 꿈꾸는 내 여름나기는 혼자 신났다.

   에어컨 가동으로 전기세가 십팔만 원이 더 나왔다는 젊은이들 앞에서 슬그머니 기가 죽었다가도 우리는 그 돈을 벌었다는 생각에 입꼬리가 올라간다. 여수에 있는 조카에게서 전화가 왔다. 이젠 퇴직해서 시간도 있으니 언제라도 놀러 오시라는 목소리에 힘이 난다. 하루 스물네 시간이 온통 자유스러운 우리네, 언제라도 출발하면 기다려 주는 이가 있다는 생각에 뜨거운 여름도 한풀 꺾인 듯 시원한 바람이 되어 가슴을 열어 준다.

이 나이에

　식사를 마치면 기다리는 것은 식탁 한 편에 즐비한 약봉지들. 배가 부를 것 같은 한 주먹의 약을 입에 넣으며 물을 삼킨다. 아직 젊다고 생각했는데 언제부턴가 병원을 찾게 되는 나이. 아프지 않으려고 먹는 약 때문에 속이 쓰려 또 약을 먹어야 한다. 이때부터 맘 가는 대로 살면 안 된다는 생각에 조금씩 철이 든다.

　"당뇨가 있습니까." "혈압이 높습니까." 의사 선생님의 문진은 그렇게 시작한다. "아니요, 없어요." 자신 있게 대답하여도 그 대답이 언제 바뀔지 알 수 없다. 약봉지를 뜯지 않아도 되는 요즘, 몸이 날아갈 듯 가볍다. 이런 날은 누구라도 좋으니 한 상 크게 내고 싶다. 짜장면 한 그릇 다 비웠는데도 친구의 짜장면에 자꾸 눈길이 간다. 넘치는 식욕을 어찌지 못해 임산부처럼 커져만 가는 배를 가만히 눌러 본다. 내일부터는 소식으로 몸피를 줄여보자 해도 폐렴으로 입원했던 친구의 앙상한 모습이 눈에 밟혀온다. 그보다는 식욕 좋은 내가 더 낫지 않겠는가 놓으려던 젓가락을 다시 잡는다.

유년을 함께 보낸 이모가 안부를 전하며 요즘 즐겨 찾는 탁구장 얘기를 들려주었다. 하릴없는 두 노인네 소파에 비스듬히 누워 TV 채널 돌려가며 눈 아프게 보았을 텐데 이 나이에 운동을 시작한 것이 천만다행이라며 위대한 발견이라도 한 듯 자랑한다. 주로 그만그만한 실력의 노년층이 참여하는 곳이라 포핸드 하나만 잘해도 맘 상하지 않고 하루가 즐겁단다. 포핸드 실력만큼은 자세가 제일 좋다는 칭찬을 들었다며 그 코치 선생님의 교습 방법이 최고라고 엄지척을 보인다. 이어서 거기에서 만난 어떤 할아버지 얘기를 들려주었다.

하루는 수첩을 들고 와 이모부 이름을 묻고 나이, 전화번호를 알려달라는데 가까운 사이가 아니지만 거절할 이유 없어 말씀드렸단다. 이모에게도 다가와 묻는 할아버지, "한집에 사니 그리 연락하시면 됩니다." 대답하고 돌아서려니 "무슨 여사님하고 성이라도 알아야 부를 거 아니요." 하더란다. 옳은 말이었다.

노인은 노인이 싫다. 십몇 년 젊다 하여도 자신도 하얀 머리, 자신이 늙어갈수록 젊은 사람에게로 관심 가는 어쩔 수 없는 본능이다. 가끔 카톡을 보내오는데 이모부에게는 보내지 않고 이모에게만 보낸다고 반갑지 않아 한다.

"이모도 금방 그 나이 돼요. 십 년이 얼마나 빠른데, 남들이 보기엔 그 할아버지나 이모나 거기서 거기로 봐요. 젊은이들은 우리를 그렇게 볼 텐데요."

대답은 그렇게 했어도 나 역시 이모처럼 내 나이를 잊고 산다. 젊은이 곁에 뽀짝거리는 나를 못마땅하게 바라볼 젊은이도 있지 않겠는가. 나이 들면 다정치 말아야 한다. 반가워서 손을 흔들고 과일을 깎아주며 사랑이 철철 넘치는 눈길로 바라보던 내 모습이 그들 눈에는 89세 그 할아버지처럼 역겹고 부담스러웠을 것이다. 게임이라도 잘하면 가까워지려나 싶어 열심히 허리를 구부리고 볼을 향해 라켓을 힘껏 내리쳐도 마음과 달리 튕겨 나가고 힘 빠진 공격은 거친 수비로 돌아온다. 그들의 발은 좌우 앞뒤를 재빠르게 오가며 총알처럼 공격해 온다. 이제는 함께 운동하다 다칠까 무섭다며 한 팀이 되어주지 않는다.

가까운 이들과 팔영대교를 지나 봄길에 나섰다. 산등성이에는 녹색과 함께 연둣빛 나뭇잎이 반짝이고 푸른 바다는 이곳 남도 사람들의 마음인 양 잔잔하다. 문득 멀리 양파를 걷어낸 빈 땅의 황갈색 흙빛이 눈에 들어온다. 어린 시절에는 가장 싫어했던 색, 어느 날 갑자기 꽃보다 더 곱다는 생각에 자꾸 눈길을 주게 된다. 꽃들은 부질없이 바람을 일게 하고 연둣빛은 나를 홀려 산길을 걷게 했다. 그때는 내게 젊음이 서서히 기울고 있다고 생각했다. 그 들에서 무엇을 앗아 오고 싶었을까. 이제는 그 욕망도 시들하다.

 이 나이에 황갈색 흙빛이 포근해 보이는 이유는 내가 돌아갈 곳이라 끌리는 것인가. 생명을 안아주기 위해 햇살도 말없이 스민다. 좋아하던 노래도 기억도 언젠가 이곳에 함께 심어지리. 흙 한 줌 두 손에 담아 흠뻑 그 향기에 빠져본다. 꽃향기가 아름다운 것은 흙에서 취한 것임을 알리라.

이 나이에 황갈색 흙빛이 포근해 보이는 이유는 내가 돌아갈 곳이라 끌리는 것인가. 생명을 안아주기 위해 햇살도 말없이 스민다. 좋아하던 노래도 기억도 언젠가 이곳에 함께 심어지리. 흙 한 줌 두 손에 담아 흠뻑 그 향기에 빠져본다. 꽃향기가 아름다운 것은 흙에서 취한 것임을 알리라.

〈공작새 군무〉 80F(한국화 채색)

이별 후 愛

 어디에 머물다 왔는지, 승용차 뒷면이 온통 하얀 꽃잎이다.
 "차가 호강했네."
 남편이 부러운 듯 한 마디 던진다. 누구의 차인지 알 수 없지만 벚꽃 아래 오랜 시간 머물러 있던 흔적이다. 남편도 그렇게 머물고 싶었을까, 호강이라는 말을 되씹어 보며 다른 나의 해석을 곰곰이 생각해 본다.
 손자아이가 두 손을 하늘로 향하고 있다. 바람에 날리는 벚꽃을 잡으려는 모습이다. 흡사 나르는 나비를 잡은 기분이었을까 손안에 담긴 꽃잎을 보며 기쁨이 가득한 표정이다. 연이어 전송되어 오는 사진을 보며 내내 이런 기쁨으로 꽃을 만나며 살라고 속삭여 본다. 꽃이 진다는 의미는 아름다움을 상실한 슬픔과 이별의 또 다른 의미, 내게 낙화는 눈물로 이어지는 말이었다.
 외면하려는 내게 다시 돌아서서 진정한 아름다움을 보라던 후배가 있었다. 강 따라 흐르는 벚꽃길이 좋아 섬진강 주변에 작은 집을 마련한 그녀, 석양을 등 뒤로 귀가하던 시간에 마주하던 풍경이었을까. 하얀 꽃잎이 지고 나면 남게 되는 붉은 빛 꽃진 자리가 더 아름답다는 그녀의 충고를 몇 해를 두고 되새기다 그 자리에 머물러 보았다. 꽃잎이 진 자리에 붉은 꽃받침이 남고 뒤를 이어 연둣빛 여린 잎이 사이 사이로 솟아난다. 서로의 자리를 교대하는 궁정의 근위병처럼 두 빛깔의 만남은 그지없이 조화롭다. 금방 쏟아질 것만 같은 하얀 꽃잎의 연약함과는 다르게 뾰족하게 솟아나는 잎은 자못 강인해 보인다. 그 사이로 바람이 살랑거리며 행진을 이어가고 있다. 자연의 진정한 아름다움은 피고 지는 그 언제라도 변함없는데 밀물처럼 밀려왔다 가버리는 사람들, 그래서 나무도 사람도 하나의 고집에 외로움을 안고 사는지 모른다.

내 곁에 머물면서 그리 사랑받지도 못하고 눈길도 받지 못하는 돌하르방이 있었다. 내가 이사 오기 전 집주인 할머니는 건강이 좋지 않나 보다. 휠체어가 보였던 기억을 지울 수 없다. 할머니의 자녀들은 어머니의 유품 중에 값이 나갈 것 같은 그림들은 부지런히 안아가고 남겨둔 것은 돌하르방 두 개였다. 무거워서 자리를 옮기기도 힘이 들어 베란다 한쪽에 두기로 했다. 제주도를 떠나 왜 여기 있는지 알 수 없지만 할머니가 건강을 도와달라 기도했는지도 모른다.

　이왕이면 사이좋게 살자며 군자란과 남천의 그늘에 자리를 잡아주었다. 제 고향에 살았더라면 푸른 바닷바람에 시원한 파도 소리도 들으며 살았을 텐데 두 노인네 들려주는 얘기야 고작 병원 갈 날 달력에 표시했느냐는 걱정과 그래도 우리 기다려 주는 데는 거기뿐이라며 자조 섞인 대답을 주고받는 소리. 그래도 때로는 꽃봉오리가 올라온다며 대단한 발견을 한 콜럼버스처럼 할아버지가 소리를 지르던 날도 있었다. 그런 날이면 화분에 물을 듬뿍 주어 꽃에 응원을 보내고 비 많은 제주의 맛이라고 돌하르방에도 머리부터 발끝까지 시원한 물을 부어주면 푸석했던 돌 사이로 생기가 돌았다. 옹기종기 꽃들을 곁에 두어 작은 고향도 만들어 주었다. 외롭지 말라고 한 일이지만 정작 우리가 더 행복했다.

　왜 이별 생각을 했을까. 앨범에 간직했던 젊은 날의 모습들. 내겐 소중한 날들이지만 우리가 저세상 가는 날, 우리가 입었던 옷들과 함께 그것들도 불 속에 던져질 텐데, 조금 더 이뻐 보이려 활짝 웃었던 표정이 무슨 의미가 있을까. 내게 소중한 것이지만 남에게 짐이 되는 것, 이젠 하나씩 자리를 비워가야 한다.

　한적한 시골 읍에 카페를 개업했다는 지인의 친구에게로 떠나보냈다. 뽁뽁이에 두르르 말아 트럭에 실려 보냈다. 오가는 손님들의 눈길도 받고 종일 음악도 들을 텐데 그곳에서는 외롭지 않으리라 답답하지도 않으리라. 손 흔들며 보냈다.

하르방들은 어찌 살까, 궁금한 어미 심정에 초여름 아까시 꽃향기가 자꾸 불러내던 날 시외버스를 탔다. 카페 초입 잔디밭에 의젓하게 서 있었다. 차 한 잔을 주문하고 주위를 보았다. 아무도 내게 관심이 없듯이 잔디밭에 그들도 따가운 햇살 아래 조용히 서 있을 뿐이었다.

비가 세차게 쏟아진다. 바람도 몰아친다. 간당간당 매달렸던 꽃자루까지 마구 쓸려 길가 구석진 곳에 쌓여있다. 이제 나무들은 털어낼 것 다 털어낸 듯 녹색으로 진해지는 잎들을 햇살에 내놓아 반짝반짝 윤기를 더하며 쭉쭉 가지를 뻗으리. 오늘은 고향에 간 듯, 세찬 비바람에 그놈들도 생기를 찾았을까.

한 알이 땅에 묻혀

알맹이가 가지런히 줄을 선 충실한 놈을 골랐다. 노르스름한 빛깔은 알맞게 촉촉하고 적당한 윤기가 자르르 흐른다. 아직도 뜨끈한 것이 솥에서 꺼내자마자 곧장 달려온 친구의 마음이 보여 그지없이 고맙다. 한 입 베어 꼭꼭 씹어본다. 찰지게 혀를 감싸며 도는 고소한 맛. 맛이 좋아서인가 그립던 냄새인가 유년의 기억이 슬며시 고개를 든다.

고향에서 보내는 여름방학은 언제나 짧았다. 산으로 개울로 휘돌다 보면 서른 날 밀린 일기장이 가슴을 내려앉게 하지만 그게 대순가. 바람에 흔들리는 커다란 잎줄기 사이로 얼핏 보이던 적갈색 수염. 녹색으로 길쭉하게 감싸인 그것이 유혹한다. 발을 세워 훌쩍 뛰어보고 손을 힘껏 뻗어도 하늘에 구름마냥 높기만 하다. 내 마음 한구석에 똬리를 틀고 있는 도둑놈 심보. 도둑도 망보는 순간이 가장 행복하다더니, 난 지금도 따오지 못한 그 옥수수가 눈에 선하다.

옥수수 알맹이를 세어 보았다. 벼 한 포기에서 영글어지는 벼 낟알이 150개 정도라던 친구의 말이 생각나서다. 잘만 되면 농사처럼 큰 이익을 얻을 수 있는 것이 없다던 친구는 도시에서 바쁘게 살아가는 친구에게 농사꾼이 된 것을 은근히 자랑했다.

150배 장사가 되는 셈이다. 옥수수는 그보다 더 많았다. 놀랍게도 옥수수 한 개에 세어 본 낟알이 360개다, 360배 장사가 아닌가. 옥수수 한 알 심어 한 개의 옥수수를 얻었다고 가정하고 일 년 후 360개의 씨앗을 다시 심어준다면 129,600개의 씨앗을 얻게 된다. 그 또한 땅에 심어주면 그 내년에는 46,656,000개의 씨앗을 수확하게 된다. 어떤 장사가 아무리 수완이 좋기로 일 년에 360배로 이문을 남기겠는가. 기하급수적으로 늘어난다는 말이 이런 건가.

외할머니는 자식 농사를 잘 지으셨다는 칭송을 받았다. 기름진 문전옥답이 아니라 척박한 땅에서 좋은 열매를 거두신 노고에 대한 격려였으리라. 외할아버지는 산판 사업에 실패하고도 남에게 주기를 좋아하였다. 할머니는 그 살림을 꾸려가기 위해 무섭게 절약하셔야 했다.

"배추김치보다 무김치가 사람에게 더 좋단다. 무는 인삼보다 더 좋아, 많이 묵으라."

"콩떡보다 쑥떡이 몸에 좋단다."

고소하고 찰진 콩떡에 비해 쑥떡은 푸르스름한 색깔에 먹고 나면 입에 남아도는 쑥 줄기가 싫었다. 할머니는 맛없는 것만 몸에 좋다고 했다. 배추가 무보다 비싸고 콩떡이 쑥떡에 비해 쌀이 더 많이 들어 못 먹게 하려는 거짓말이라고 사춘기인가 반항기였던가 나는 곧이듣지 않았다.

자식들 육성회비 제때 주지 못하고 며칠만 기다리면 주마 미루시던 날들. 언제 나들이옷 한 벌 장만하시겠는가. 집안에 혼사가 있어 참석해야 하는 날. 부끄럽게도 장롱을 아무리 뒤져도 변변한 버선 한 켤레 없었다. 가까운 동서를 찾아 버선 한 켤레 빌려 달랬더니 신고 있던 때 묻은 버선을 벗어주더란다.

"악착같이 배워라. 남에게 지지 말고."

자식들에겐 가난을 물려주지 않는 길은 잘 가르치는 것이었다. 자식의 성공이 할머니의 성공이었다. 때 묻은 버선을 벗어주던 동서를 이기는 길이었다.

세월은 철들게 하고 맛을 알아 이젠 쑥떡에 먼저 손이 간다. 지겹다고 고개를 돌리던 할머니 잔소리가 내 살이 되고 뼈가 되고 피가 되었나 보다.

한 알의 씨앗이 저절로 360개의 씨앗을 남겨주지는 않는다. 흙 속에 묻히는 아픔을 감내해야 한다. 뜨거운 태양 아래 같이 타오르고 같이 비에 젖는 동거의 세월이 필요하다. 때로는 벌레가 몸을 갉아 먹는 괴로움도 이겨야 한다. 그 세월에 바람이 불어주고 달빛 아래 곤히 잠드는 휴식도 찾아 든다.

가을 들에는 온갖 것들이 영글어 간다. 녹색은 제 할 일을 다한 양 황금빛으로 물들어 가고 이파리 속에 제 모습을 감추던 초록의 감도 이젠 주황으로 물들어 간다. 씨앗도 완전히 익었음을 자랑함이리라.

내 머리도 하얗게 물들어 간다. 나는 어떤 농사를 지었을까. 벼 한 포기 150개의 낱알을 보여 줄 수 있을까, 아니면 옥수수의 수많은 알갱이를 맛보게 할 것인가. 할머니의 희망이었던 내게 남은 얼마의 세월, 서리가 내리면 그 맛이 더해지는 과일처럼 찬바람에도 진하고 알차게 영글어 가야 한다.

한 알의 씨앗이 저절로 360개의 씨앗을 남겨주지는 않는다. 흙 속에 묻히는 아픔을 감내해야 한다. 뜨거운 태양 아래 같이 타오르고 같이 비에 젖는 동거의 세월이 필요하다. 때로는 벌레가 몸을 갉아 먹는 괴로움도 이겨야 한다. 그 세월에 바람이 불어주고 달빛 아래 곤히 잠드는 휴식도 찾아 든다.

가을 들에는 온갖 것들이 영글어 간다. 녹색은 제 할 일을 다한 양 황금빛으로 물들어 가고 이파리 속에 제 모습을 감추던 초록의 감도 이젠 주황으로 물들어 간다. 씨앗도 완전히 익었음을 자랑함이리라.

〈8월〉 80F(한국화 채색)

꽃무늬를 입어요

"이 사람 누군지 아세요?" 요양보호사가 묻는다.
"딸."
"이름은?"
"진숙이."

천진한 아이처럼 꼬박꼬박 답하는 아흔여섯, 우리 엄마.

"아줌마는 누구요?" 침대 옆에 다가서는 나를 보며 처음엔 눈만 껌벅이며 물었다. 무심한 딸 잊을 만도 하다. 몇 마디 말하는 모습 근래 없던 일이다. 대나무처럼 딱딱해져 깎을 수 없던 발톱도 단정하게 깎여 있었다. 누군가의 손길이 돌보고 있다는 생각에 고마움이 밀려왔다. 푸석해진 발바닥에 크림을 바르고 수건으로 닦아냈다. 드릴 수 있는 것이 이뿐이다. 침대 옆에 걸린 점검표를 보았다. 330이라는 숫자가 하루 세 번 기록되어 있다. 코를 통해 호스로 섭취하는 어머니의 유일한 식사량, 이 숫자가 어느 날까지 버티게 해줄까.

"엄마 누구 보고 싶어?" 머리칼을 쓸어드리며 금방 대령이라도 시킬 수 있는 양 씩씩하게 물었다. 대답이 있어도 기약할 수 없는 약속일 터 내 혼잣말이 되고 만다.

젊은 날 열망했던 것들, 여기에서는 아무런 의미가 없다. 예쁜 옷도 화장품도 맛있는 음식도 심지어 친구처럼 소일한다는 TV도 없다. 침묵이 무겁게 내려앉은 방, 침대와 이불 그리고 머리 위로 내려오는 긴 선을 통해 몸으로 스며드는 약물과 환자복이 전부다. 숨 쉬고 있다고 일깨워 주는 것은 시간 맞춰 기저귀를 갈아 주는 손길이 머물 때다. 옷장을 열어보니 텅 비어있다.

요양원에 머물면서도 마음 맞는 몇 명 어울려 시장에 나들이도 갔었다. 외식도 하고 꽃무늬 가득한 셔츠도 사고 지갑도 사고 신발도 장만했던 때 그날이 어머니에게는 꽃날이었다. 스스로 걸을 수 없는 지금, 그것들이 통째로 우리 집에 실려 오고 빈 옷걸이만 썰렁하다. 병원을 떠나는 날, 어떤 옷을 입어야 할까. 그날은 언제일까.

만 가지가 필요 없는 그 세상에서 문 하나 넘는다. 소유하고 싶은 것들이 차고 넘치는 세상에 서 있다. 잠시 머물던 그곳의 냄새도 이젠 털어내야 한다. 어머니의 손발만 잠시 잡았을 뿐인데도 두려워지는 냄새, 화장실에 들어가 손을 씻고 또 씻는다. 지금부터는 내가 함께 열심히 살아가야 할 사람들만 생각해야 한다.

시장에 가득한 먹거리들, 어물전에 황석어가 제철이다. 이 생선을 매콤하게 오래오래 조려내면 잔가시도 부드럽게 녹는다고 남편은 늘 말했다. 맛있게 차려질 저녁상을 상상하며 지갑을 연다.

"왜 힘이 하나도 없어 보여?" 어물전 할머니 눈에 왜 그리 보였을까. 부스스한 머리에 화장기 없는 얼굴이니 그리 보일 만 하다고 생각하면서도 남에게 비친 나의 모습 어딘가에 감출 수 없는 표정이 있었음을 그제야 안다. 예전과 별반 다르지 않았는데 시원한 물 한 모금 마셔야 살 것 같다.

황석어 담은 봉지를 들고 지하철 계단을 오르니 햇살은 뜨겁고 길은 아득하다. 남편에게 전화했다. 잠깐 내려와 점심을 함께하자 했더니 혼자 먹고 오란다. 무심한 대답. 메밀국수 한 그릇, 앞에 두니 단무지와 깍두기가 흔들린다. 메밀이 입안에서 뱅글뱅글 돈다. 시원한 냉국에 목을 축여도 뜨겁게 밀고 오는 아픔, 어머니 앞에서 참았던 눈물이 하필이면 이 낯선 사람들 앞에서 쏟아지는가.

어머니는 꽃무늬 옷을 즐겨 입었다. 사계절 입던 옷이 모두 꽃밭이다. 나이 들면 여인네들은 꽃으로 된 옷을 입고 싶은가 보다. 어머니는 너덜겅 철쭉꽃 보러 간 날에도 긴소매에 보랏빛 꽃들이 가득한 셔츠를 입고 손녀들과 뒷걸음 걷기 하며 즐거워하셨다. 북경 이화원 앞에서도 진달래 빛 셔츠를 입고 활짝 웃으며 사진을 찍었다. 그때 나이 일흔둘, 누구보다도 앞장서서 안내인의 뒤를 따랐다. 노인네라고 뒤처지면 다음 여행길엔 안 데리고 갈까 봐 두렵다며 수줍게 웃었다.

요양원에서 실려 온 옷, 내가 입었다. 품이 넉넉해서 불어난 체격에 맞았다. 볼품없는 배도 감춰주었다. 이상하게도 편안해지는 옷, 나도 이제 감출 수 없는 노인인데 남편은 그 옷을 버리라 한다. 무정하기 짝이 없는 매정한 사람. 가슴 한쪽이 찌르르 아프다.

준비해 둔 삼베 수의, 빨간 보자기에 싸여 기다린다. 보자기를 풀어 거풍한다. 옛 격식에 맞춰 준비된 옷. 장의사의 손길로 입혀 이별의 자리에서 만날 옷이다. 꽃무늬 옷 한 벌 나란히 옆에 담는다.

어머니는 꽃무늬 옷을 즐겨 입었다. 사계절 입던 옷이 모두 꽃밭이다. 나이 들면 여인네들은 꽃으로 된 옷을 입고 싶은가보다. 어머니는 너덜겅 철쭉꽃 보러 간 날에도 긴소매에 보랏빛 꽃들이 가득한 셔츠를 입고 손녀들과 뒷걸음 걷기 하며 즐거워하셨다. 북경 이화원 앞에

〈8월〉 80F(한국화 채색)

서도 진달래 빛 셔츠를 입고 활짝 웃으며 사진을 찍었다. 그때 나이 일흔둘, 누구보다도 앞장서서 안내인의 뒤를 따랐다. 노인네라고 뒤처지면 다음 여행길엔 안 데리고 갈까 봐 두렵다며 수줍게 웃었다.

주말의 선물 같은 특가

"카카오톡!" 내 늦잠을 깨우는 유일한 소리, 으레 예상하는 친구의 소식이려니 하면서 기대 반의 설렘을 안고 열어보면 몇 개의 광고 문자가 빨강 동그라미를 브로치처럼 반짝이며 기다리고 있다. '주말의 선물 같은 특가'라는 머리말을 달고 선착순, 특별할인, 포인트 적립 등등 눈길을 끌기 위한 갖가지 표현으로 클릭하는 순간을 기다린다.

"어제 피곤했는가?" 남편이 방문을 열며 일어날 시간이 지났음을 일깨운다. 아침 식사를 안 하고 싶어도 약을 먹어야 하니 빈속을 채워달라는 부탁이기도 하다. 묵은김치를 송송 썰고 된장을 푼다. 내게는 주말의 선물 같은 좋은 소식이 없을까? 썰렁한 밥상을 준비하려니 엉뚱한 생각이 찾아 든다.

이럴 때 텔레파시가 통했다 하는가. 조카에게서 전화가 왔다.
"오늘은 뭐 하세요?"
시간이 비어있음을 알리고자 짐짓 드라마나 볼 거라 대답한다.

"바람 쐬러 갈까요? 칠산대교로 해서 무안으로 다녀오게요."

차가 없으니 가고 싶어도 훌쩍 나서지 못하는 신세가 되었던 차 반가운 소식이다. 조카라 하지만 두 살 터울의 친구 같은 사이다. 둘째 시누이님의 아들, 어머님께 효도가 지극해서 살아계실 때는 먼 곳에 여행 가는 날이면 우리도 덩달아 즐거움을 누리기도 했었다. 질부는 그곳의 특산물로 즉석요리를 만들어 주길 좋아했고 새우가 나오는 곳에서는 새우젓갈을 담가 주기도 했다.

물이 빠져나간 갯벌을 배경으로 붉게 피어나는 해당화를 바라보는 질부에게 물었다. 다시 젊음을 준다면 젊은 시절로 돌아가고 싶은가 했더니 아니란다 지금 이대로가 좋단다. 나도 고개 끄덕이며 좋아도 좋은 줄 모르고 살았던 그 시절을 돌이켜 보았다. 젊음과 건강을 밑천으로 열심히 살아야 했던 시절, 이루어야 할 것이 많아서 행복은 그다음에 얻어지는 선물이라 생각했다. 하루하루를 치열하게 살았다. 한숨 돌려 뒤돌아보니 내 서 있던 자리에 내 아이들이 서 있다. 그들 또한 전쟁처럼 살고 있다. 밤늦도록 어린아이들 돌보고 새벽부터 출근 준비로 정신없이 현관을 나서는 뒷모습, 자신을 돌볼 여유 하나 없이 그들에게도 나이가 쌓여감을 느끼는 순간 코가 시큰하게 서글퍼진다.

어느 해인가 지금보다는 조금 젊었던 때, 요양원으로 경로

당으로 다니며 봉사프로그램에 참여했었다. 노래를 들려주고 함께 춤을 추기도 하고 이야기도 들려주었다. 일주일에 한 번 방문하는 우리를 기다려 주는 할아버지, 휠체어에 앉아서도 열심히 손을 흔들며 기뻐하시더니 몇 주일을 보이시지 않았다. 병원에 머물러 계셨던가 다시 만날 수 있었던 날 옛날의 모습이 전혀 보이지 않는 초췌한 모습, 이런 모습으로 가는 건가, 비애감이 밀려들어도 그분께 내색하면 안 되는 감정이었다.

책을 읽어드리기도 하고 노래를 들려드려도 흐려진 눈길, 우리가 떠나고 나면 각자의 침대로 돌아가 긴 침묵의 시간으로 또 누군가를 기다리겠지만 손꼽아 기다려도 마당에는 꽃들만 조용히 피어난다. 내 몸 하나 가누지 못하는 이에게는 피어나는 꽃도 아픔인 것을.

한 해 동안 봉사를 함께 나누었던 그 시간을 담아 영상을 만들었다. 한 사람 한 사람 주인공으로 만들어 손을 따뜻하게 잡아주던 그 시간을 남겨주고 싶었다. 영상의 그녀들은 젊고 매혹적이었다. 그늘 없는 시간으로 오래오래 남겨두라고 보냈다. 내가 모아온 사진과 노래로 긴 시간 정성 들여 만들어 준 영상에 감동의 답글이 몇 자 날아오길 기다렸다. 그러나 몇 날이 지나고 몇 달이 흘러도 조용하다. 너의 사진을 모아 만들면서 나는 행복했는데….

　수입과 지출의 균형을 맞추며 살아야 했던 곤궁한 시절의 기억 때문인가. 주고만 끝내고 싶지 않은 심사가 휴대폰을 열 때마다 답글을 찾았다. 씨앗을 뿌려도 싹이 올라오지 않는 무정한 땅을 바라보는 안타까움이다.

　그러나 나를 바라보는 누군가의 가슴에도 그렇게 아픔을 주고 있지 않았는가 하는 생각이 문득 찾아 들었다. 아침마다 새로운 음악을 보내주는 사람이 있다. 답이 없어도 내 맘 알리라는 믿음에 보내준 음악 열심히 듣는 시간이 답이라 여겼다. 아침 내내 그 음악에 젖어 하루를 열었다. 좋아하는 음악은 따로 있는 것이 아니고 하루 이틀 귀에 익다 보면 길들어지는 거라고 나는 그가 보내준 음악에 길들어 가고 있었다, 셀린 디옹의 〈The power of love〉, 설었던 그 노래가 이젠 귀에 착 감겨 와 "I'm your lady."로 점차 소리가 높아질 즈음이면 정녕 이 부분이 좋아 내게 보내준 거라고 해석했다.

　정답던 옛노래가 찾아온 날은 즐겨 부르던 그 시절로 날아가 다시 찾은 보석 반지처럼 소중히 간직하였다. 그도 대답 없는 내게 미움으로 쌓인 갈등이 없지는 않았으리.

　"카카오톡!" 누군가 내게 소식을 보내나 보다.

　이젠 내가 그에게 보답하는 선물 같은 특가(特歌)로 꼬박꼬박 답을 보내리라.

4.
너를 사랑해

떠오르는 태양을 향해 수정처럼 방울져 흘러내리는 눈물, 가만히 입 맞추면 달콤한 맛으로 가득 스민다. 창문을 열어둔다 해도 벌 나비는 올 수 없는 계절, 어떤 거리에서 피고 싶었을까.

가슴 뛰는 일
화원의 아이들
가시
못다 준 사랑만을 기억하리라
비 내리는 버스 정류장에서
별이 빛나는 밤
손자의 가을
순자 이모
외할아버지
이별에 필요한 시간은 얼마인가요
가보
가을 愛
너를 사랑해

가슴 뛰는 일

 천둥 번개가 요란하다. 베란다 창문을 닫고 싶어도 무서워 못 나가는 남편. 열어둬도 상관없다고 그냥 자라며 나는 잠에 빠진다. 왕왕 요란했던 천둥은 아침이면 햇살과 함께 잠잠해진다. 장마철이면 몇 번은 겪게 되는 두려움, 시간이 지나면 고요가 오리라고 믿어 큰 사고가 없기만을 기도하며 잠든다.
 남편은 비 온 뒤 물 구경을 좋아했다. 광주천으로 흘러든 물살은 산등성이를 쓸어오는지 황토로 물들어 거세게 흐른다. 계단에는 출입을 금하는 팻말과 함께 테이프가 길을 막았다. 큰 키 버드나무도 물에 잠기고 도로 가까이 올라오는 물살에 수위가 더 오르면 위험하다는 공포가 엄습한다. 어느 해인가 천변에 주차한 승용차들이 물에 잠겨 흘러갔던 기억이 난다. 차들이 장난감처럼 떠가는 모습은 물의 위력을 실감케 했다. 남편은 그런 물결을 바라보면 가슴이 뛰나 보다. 잠들지 않고 밤새워 천둥소리에 귀 기울이던 어젯밤도 실은 두려움보다도 번쩍이는 번개 뒤에 무섭게 울려오는 천둥소리를 기대하고 있었는지 모른다.

　요즘 젊은 부부의 갈등 문제에 게임도 들어있다. 아이들은 시간만 주어진다면 부모의 눈길을 피해 게임을 하고 이를 막아줄 남편마저도 컴퓨터 앞에서 밤을 새운다. 술에 빠져 외박하는 남편들에 비하면 나은 거라고 변명하는 내 아들, 전화를 안 받으면 게임 중일 거라고 지레짐작한다. 그런 날은 행여 전화를 받아도 바쁘게 끊는다. 초등학교 시절, 학원 선생님의 결석 통보를 받으면 동네 게임방을 뒤지며 아들의 행방을 찾았다. 돈만 생기면 전자상가를 들락거리더니 컴퓨터로 게임을 시작하고 그 덕분에 영어 학원 안 가도 중학교 입학 전에 기본 실력을 갖추게 되었다. 그 실력이 어떤 수준인지는 몰라도 지금은 독일계 회사에서 근무하니 공부하는 길은 여러 갈래가 있나 보다. 나도 한번 빠져보자고 하루를 게임에 매달렸다. 단순한 벽돌 깨는 초급단계였는데 다리는 코끼리처럼 부어오르고 머리는 바보처럼 멍해지는 내게는 가슴 뛰는 일이 아니었다.

　연습을 꾸준히 하면 실력은 비례해서 향상될 거라고 믿는 일, 젊은 날의 얘기다. 운동은 상향곡선을 그리는 때가 있다.

국가 대표로 활동했던 선수들도 현역에서 물러나는 나이가 그리 많지 않다는 것이 아픔일 수도 있다.

　백내장 수술을 하고도 눈앞을 막는 막이 생겨 익상편이라는 수술을 했다. 이젠 불편한 대로 적응하자는 체념이 앞선다. 탁구 라켓을 잡으면 내 나이에도 상대를 이겨야 한다는 욕심이 앞서긴 해도 감출 수 없는 실력에 감출 수 없는 나이다. 그래도 게임은 이상한 마력으로 나를 끌어들인다. 점심 후면 눈꺼풀은 무거워지고 둔한 다리는 터덕거려도 가위바위보에 이어지는 플레이 선언은 다른 세계로 진입하는 카운트다운, 이때부터 나의 가슴은 뛰기 시작한다.

　서버의 라켓 각도에 맞춘 나의 수비 자세는 재빠른 준비 자세를 취한다. 몸을 부풀려 가며 위협을 가하는 동물의 세계처럼 손을 높이 쳐들어 공격하는 상대도 있지만 아주 가볍게 보내는 볼인데도 튀어 나가는 약삭빠른 공격도 있다. 하얀 공에 라켓이 부딪는 그 순간의 포착이 중요하다. 공격 일변도로 대응하는 친구가 있어도 성공은 일정한 확률을 벗어나지 못한다. 잡히기 좋은 높이로 날아온 볼, "이때다!" 내려치면 네트에 여지없이 걸리는 역전이 벌어지기도 한다. 게임이 끝나고 나면 옷은 땀에 흠뻑 젖어있어도 눈의 침침함도 잊고 열중하는 동안 어려움들이 사라졌음을 알게 된다. 오히려 눈은 더 밝아져 있다.

열 사람과 마주하면 열 사람의 게임 법을 배우게 된다. 여러 방법으로 공격과 수비를 하라 알려주지만 자기만의 동작과 습관을 버리지 못한다. 그에 대한 대처 방법을 준비하면 백전백승이다. 그러나 아는 것과 행동에 옮기는 일은 달라서 상대가 오른쪽으로 공격하리라 예상하면서도 내 둔한 손과 발은 볼이 지난 허공에서 민망하게 내려온다.

　나비처럼 가볍게 날아오르며 날카로운 컷으로 나를 곤궁에 빠지게 하던 그녀, 그녀가 일대일 시합을 청했을 때 두려움이 앞섰다. 그간 우리는 복식 게임으로 승패를 가름하던 터, 행여 진다 해도 내 실력 탓이 아니라 짝의 탓이라 미루며 자신을 위로했었다. 단식은 동작이 빨라 숨이 차올라 노년층은 꺼리기도 하지만 확실한 실력을 공개하는 자리다. 파 공격과 백 컷으로 수비 자세를 흔들어 놓는 그녀의 공격을 막을 재간이 없었던 나는 짧은 컷으로 대응했다. 남편과 매일 연습하던 컷이었다. 이런 컷은 아무리 연습해도 쓸모가 없다고 불평했던 동작이 무의식중에 이어지고 있었고 그녀는 의외의 수비에 당황했는지 공격이 네트에 계속 걸렸다. 3:0 완승, 가슴이 뛰었다. 이기는 날보다 지는 날이 많은 내게 기적 같은 게임이었다. 금메달을 목에 건 선수처럼 두 손을 높이 쳐들어 만세를 외치고 싶었다. 그러나 상대방의 마음을 헤아리는 것도 예의였다. 하지만 언제 그녀가 반격해 올 지 두렵다.

　고구마 줄기를 샀다. 남편이 껍질을 벗겨준다 해도 허리 아플까 봐 벗겨진 줄기를 사자 했다. 언뜻 보아 벗기지 못한 부분이 보였지만 잘 삶으면 부드러워지려나 싶었다. 새우젓과 참치 액젓을 넣고 갖은양념을 다 했건만, 씹히는 맛이 질기다. 열심히 씹어도 입안에 남겨지는 껍질. 허리가 아파도 다음에는 껍질을 내 손으로 벗기자. 그것만이 맛있는 고구마 줄기 김치를 맛볼 비법인 것 같다.
　가슴 뛰는 일, 그것은 감추고 싶어도 껍질을 완전히 벗고 뛰어들어야 느낄 수 있는 순수한 정열의 선물이 아닌가 싶다. 글도 그러하지 않던가?

세월은 상처를 낫게도 해주지만 어리석음을 깨우쳐 주기도 한다. 버려진 아이라 생각했던 그 못난이가 상처 자리에 새끼를 주렁주렁 달고 기적처럼 새로 태어나고 있었다. 부러져 묻어 주었던 가엾은 것들도 새롭게 자라고 있었다.

〈공작새 향연〉 6F(유채화)

화원의 아이들

아련히 들려오는 노랫소리에 귀를 기울인다. 먼 듯, 가까운 듯 부드러운 바람에 포근히 안겨 있었다.
"선생님 사랑해요."
낭랑한 그 목소리에 깜짝 놀라 깨어났다. 어두운 방, 창호지를 바른 문이 희부옇게 보인다. 아직은 컴컴한 밤. 뒷담 쪽으로 난 방문을 열어보니 사위가 조용하다. 비몽사몽, 꿈이었을까. 달려가는 발소리를 들은 듯도 했다. 크리스마스이브, 개구쟁이라고만 생각했던 아이들이 이 깊은 밤 찾아온 것인가. 잠든 내 귓가에 들려준 노래. 다시 듣고 싶어 눈을 감는다.
선생과 제자라지만 나이 차이는 십 세 안팎, 돌이켜 보니 나는 더 할 수 없는 철부지였다. 가을날 우리는 별암리 배밭에 간다는 핑계로 바다를 끼고 도는 시오릿길을 걸었다. 바닷가 바위에 엉겨 붙은 굴을 캐며 신비의 세계에 머무르다 돌아오는 길, 어느 동네 앞, 건달 같은 젊은이 몇 명이 텃세를 놓왔다. 나를 빙 둘러싸고 숨겨주던 아이들, 가슴은 두려움에 콩닥거렸지만 얼마나 든든하고 자랑스러웠는지.

김장철이 가까워지면 폭이 차오른 배추를 서리해 왔다. 반찬이 없어도 신나는 날, 쌀 한 주먹씩 가져와 밥을 짓고 궁색한 내 자취방에 둘러앉아 된장에 쌈 싸 먹었다. 토끼몰이하는 날 짓궂은 아이는 뱀을 잡아 내 앞에 가져다 놓았다. 그 아이는 노트 검사하는 날도 미루다 맨 마지막 슬그머니 제출했다. 부러 그런 거 같았다.

학교 화장실은 장마가 지면 빗물이 스며들어 변을 보면 풍덩 소리와 함께 똥물이 튀어 올랐다. 유일한 해결 방법은 퍼내는 것. 긴 막대 끝에 바가지를 매어 퍼내는데 누가 할 것인가. 지각생이 제일 많은 반이 하기로 결정했다. 남학생들은 밥만 먹고 등교하고 여학생들은 설거지까지 마쳐야 오던 시절이다. 산 넘어오는 아이들은 서둘러 오는데, 교문 앞 문방구 집 아이는 날마다 지각이다. 덕분에 여학생반을 담임한 나는 푸는 작업에 나서야 했다. 교장선생님이 시범을 보이니 담임이 안 할 수 없었다.

젊은 날에도 이성에게서 사랑한다는 고백을 받은 적 없이 살다가 결혼하고 또 그렇게 덤덤히 살았다. 이제 저만치 팔순을 바라보는 남편 옆에서 한 해의 마지막 달을 접는다. 어둠

속에서 사랑한다고 들려주던 그 목소리의 주인공, 지금은 그들도 초로의 길로 접어들었을 터, 어느 길목에선가 가까이 스친다 한들 우리는 남으로 지나칠 인연들. 바닷가에서 주워 모은 조그만 조가비로 목걸이를 만들어 주던 그 작은 소녀는 지금쯤 그만한 손녀를 두고 있지 않을까. '언니에게'라고 시작하는 편지를 보냈던 용감한 아이, 할머니와 단둘이 살아도 그늘이 없어 보였지만 그 편지 간직해줘야만 할 것 같던 그 아이, 먼 곳이 아닌 내 가까이 살지도 모른다.

사랑한다는 고백을 처음 받았던 곳, 화원반도. 나를 청춘으로 머물게 하는 아이들, 잠시 머물다 떠나왔지만 유일한 사랑을 속삭여준 크리스마스이브, 나는 지금도 초가지붕이 이어지던 그 시절에 머물고 싶다.

가시

　모두 떠나버린 빈집에 작은 화분 하나 자리를 지키고 있었다. 물맛을 언제 보았을까. 돌처럼 딱딱해진 흙 위에 앙상한 선인장 한 줄기. 날카로운 가시만 길었다. 이삿짐 나가던 날, 부지런히 계단을 오르내리며 앞다투어 벽의 그림을 보자기에 싸가던 이 집 딸들, 아마 고가의 대접을 받는 작품이었나 보다. 그들에게 어머니가 키우던 이 화분이 보일 리 없었다.
　여기 살던 할머니, 거동이 어려웠는지 집안 곳곳에 잡고 일어서기 위한 철봉 시설이 있었다. 병원 생활로 오랜 시간 집은 비워두었고 삼십 년 가까이 자녀들과 함께 살던 정든 터에 돌아오지 못하고 세상을 떠난 것이다.

　돌아가신 할머니가 거처하던 안방이 꺼림칙할 수도 있으련만 집을 선택하는 일에도 연이 닿았는지 거실 깊이 들어오는 햇볕이 따뜻해 보였다. 베란다 유리를 닦아내고 새 벽지를 고르며 엘리베이터로 오르내릴 새로운 환경에 만족스러웠다.

못난이! 그 선인장을 그렇게 이름지었다. 볼품없이 길기만 하고 가시라도 없으면 좋으련만 순한 화분들 뒤쪽에 숨겨두었다. 그래도 물은 부지런히 주었다. 물을 자주 주지 말라 하지만 애타게 보이던 첫 모습이 잊히지 않았기 때문이다. 물 한 방울 마시지 못하고 몇 달을 버텨낸 것은 그 무서운 가시의 힘이었으리라. 기다렸다는 듯이 그동안 움츠리고 있던 키를 한꺼번에 솟구치는지 높이 높이 뻗어 올랐다.

어느 날 전봇대처럼 큰 키를 감당하기 힘들었는지 엎어져 버렸다. 윗부분이 세 동강이 난 채로. 든든하게 보호대를 매어 주어야 했는데 내 불찰이구나 싶었다. 안쓰러워 동강 난 토막을 흙에 묻어 주었다.

세월은 상처를 낫게도 해주지만 어리석음을 깨우쳐 주기도 한다. 버려진 아이라 생각했던 그 못난이가 상처 자리에 새끼를 주렁주렁 달고 기적처럼 새로 태어나고 있었다. 부러져 묻어 주었던 가엾은 것들도 새롭게 자라고 있었다. 동강 난 부분에 푸릇푸릇 올라오는 어린것들은 가시도 없었다. 약속이나 한 것처럼 한 줄기에 세 개의 새싹을 자랑스럽게 키우고 있었다. 이것들은 쑥쑥 자라면서 외줄기로 자랄 때에 비해 더 잘 자라고 세 발로 균형을 잡는 자전거처럼 넘어지지도 않았다.

혼자 외로워 보이던 날이 어제 같은데, 지금은 대가족이 되었다. 헤아려 보니 열두 해가 지났다. 넘어진다는 것이 나름의 생존방식이었는데 모르고 살았다. 이제는 넘어지기 전에 미리 잘라 새 터전을 잡아준다.

 언젠가는 나도 집을 떠나야 할 때가 오리라. 아들도 딸도 이 집에선 욕심내서 챙겨 갈 것은 보이지 않는다. 저 못난이들은 어디로 가야 할까. 다른 선인장들은 화려한 꽃이라도 피워 내는데 이 못난이는 한 번도 꽃을 보여준 적이 없다. 그래도 기대를 버리지 않는다. 언젠가는 필 거라고 단지 내 앞에서 피어주길 바랄 뿐이다. 그 꽃을 자랑삼아 시집이라도 보내야 한다. 늙을수록 사나워지는 가시를 가만히 들여다본다. 나랑 닮은 것 같기도 하다.

못 다 준 사랑만을 기억하리라

언제 담아둔 깍두기일까. 알맞게 사각거리는 맛이 그리 오래되지 않았다. 분명 내가 담은 김치인데 기억나지 않는다. 이것이 있는 줄 모르고 어제는 총각김치를 담았다. 얼갈이김치도 담았다. 매큼한 한 뿌리 오도독 깨물며 아침을 맛있게 먹었었다.

"그 영화 좋았어요?"
자영 씨 질문에 대답이 선뜻 나오지 않는다. 일주일 전 보았던 영화의 줄거리, 아무런 기억도 떠오르지 않는다. 주인공의 얼굴조차도 기억에 없다. <82년생 김지영> 이런 영화를 보았다는 기억이 남아있다. 감동이 있을 리 없다. 먼 과거의 기억은 생생한데 최근의 기억은 금방 잊는다. 이런 증세가 치매의 시작이라는데 내게도 찾아올지 모른다는 불안이 엄습해 온다. 옛일을 생생하게 기억하는데 그럴 리 없다며 고개를 젓는다.

　신입생 환영회로 영화 보던 날. 중학교 일 학년이었다. 아직 교복도 입지 않던 봄날이다. 지금은 없어진 천일극장에서 영화 〈신데렐라〉를 보았다. 서글서글한 눈매의 왕자님은 피아노의 건반을 울리며 부드럽고 포근한 음성으로 사랑하는 그녀에게 노래를 들려주었다.

　"장미는 피었네, 남모르게 고이 피었네. 능금은 커 가네. 사랑스럽게도 커 가네."

　부엌데기 신데렐라는 노래에 맞추어 춤을 추었다. 어느 나라의 공주님도 이렇게 행복할 수 없었다. 나는 사흘을 꿈처럼 헤어나지 못했다. 내가 신데렐라였다. 60년의 세월이 흘렀건만 그때의 기억은 선연하다. 왕자님이 불러주던 그 노래는 지금도 주문처럼 나를 춤추게 한다.

　은행 창구의 직원이 치매에 대비한 설계서를 건네주었다.
　"예기치 못한 질병으로부터 가족의 미래를 지켜 드립니다."
　자료를 보았다. 나를 위한 준비인가 가족을 위한 준비인가. 뭔가 중무장을 하자는 마음이었다. 백 세까지 보장해 준다는 나의 미래. 그것은 매달 입금하는 금액에 비례하여 금전적인 뒷바라지에 도움 주는 혜택이었다. 그것들이 치매를 막아주지는 못하리라. 자식들에게 경제적 부담을 주지 않는다는 위로의 방법일 것이다. 치매라는 이유로 내가 처하게 될 모습을 상상해 보았다. 신발도 없이 눈 내리는 길. 나주에서 광주를 향해 걸었다던 조카를 생각했다. 누군가를 찾아 떠난 길이었다는데 본인 이름도 잊고 있었다. 욕심 없이 살았던 그는 어머니를 앞서 세상을 떠났다.

  겨울이 시작되면 사랑하는 사람에게 따뜻한 뭔가를 해주어야 한다는 생각이 든다. 어머니들은 허리가 아프다 하면서도 먼 곳의 자식들에게 내 손으로 담은 김치를 골고루 챙겨 보낸다. 그리고 한 사 날 뜨거운 아랫목에 허리를 지지면서도 자식들 맛있게 먹을 생각에 흡족해한다. 오히려 편하게 보내는 날이면 열심히 살아가는 자식에게 누가 될 것 같아 뭔가 새로운 일을 또 찾아내고야 만다. 밤낮없이 바쁜 딸아이가 얼마나 먹을지 몰라도 짭짤한 배추김치 몇 포기 담는다. 김치 간 보라면 입을 후후 불어가며 매워도 맛있어하던 모습이 눈에 선하다.

  우체국에서 돌아오는 길. 가로수 정리 작업이 한창이었다. 베어져 버려진 가지들 사이로 나풀거리는 잎사귀들. 살아있는 나무에서 느끼지 못했던 아름다운 빛깔이 선명하게 보인다. 버려져야 한다는 아쉬움 때문일까. 아니면 석양의 비껴가는 햇살 때문일까. 가지 하나 주워 안았다. 조금의 위안이라도 주고 싶은 마음이었다.

"예뻐요."

맞은편에서 오던 여인이 내게 한 마디 전한다. 흰머리 내가 예쁜가 아니면 내 가슴에 안겨 있는 잎들이 예쁜지 알 수 없는 그녀의 미소에 나도 미소로 답했다. 눈매가 고운 여인이었다.

집에 돌아와 냉장고 정리를 하다가 또 한 번 후회한다. 김치를 보내면서 상자 한편에 참기름을 넣어 보내야 한다는 걸 잊었던 것, 어디서나 구할 수 있는 참기름인데 가슴 한편이 짠하게 아프다. 보리차를 끓이며 바닥을 까맣게 태워버리고 가까운 친지의 결혼 날도 시간이 임박해서야 정신없이 달려간다. 전날까지 기억했던 남편의 생일. 정작 당일엔 미역국도 없이 지나버린다. 일흔두 번째의 12월을 보낸다. 앞으로 몇 번의 12월을 맞이할까. 모든 기억을 생생하게 맞이할 수 있는 12월 말이다.

"너를 위하여 나 살 거니 소중한 건 무엇이나 너에게 주마
이미 준 것은 잊어버리고 못다 준 사랑만을 기억하리라."

시 「너를 위하여」의 한 구절이다. 세상이 온통 슬퍼 보여서 아무도 보이지 않던 날, 내 허기를 달래주고 내가 지켜야 할

사람을 보게 해주었던 시다. 못 받은 사랑이 아니라 못다 준 사랑만을 기억한다면 내가 잊을 사람은 없으리라.

"당신 누구세요." 묻지 않으리라.

비 내리는 버스 정류장에서

 버스 정류장에 비가 내린다. 어제는 바람 불어 우수수 쏟아지던 나뭇잎, 오늘은 비에 젖어 보도블록에 납작하게 붙어 오가는 이들의 가슴에 무심히 지나칠 수 없는 하나의 상념을 던진다. 누군가는 노인네를 젖은 낙엽족이라 하지 않던가. 떼려야 뗄 수 없는 가엾은 존재, 발길에 차이면서 가을인지 겨울인지 알 수 없는 계절을 재촉하고 있다.
 아기단풍이 물들기 시작하면 날을 잡아 떠나야 하던 시절이 있었다. 가장 고운 빛으로 물든 나무 아래서 나란히 나란히 줄을 서 사진을 찍고 고별주 한잔으로 가을에 안녕을 고했던가. 때문인지 몽롱한 아픔에 신열을 앓기도 했던 건 나무의 정령이 내게 물들었던 것인지도 모른다. 이젠 그리 가고 싶은 곳도 보고 싶은 것도 없다. '꽃이 지기 전에 오지 않을래?' 누군가 달콤한 문자라도 울려 준다면 다시 가슴이 뛸까.
 기다리는 차는 오지 않고 화순 방향으로 떠나는 한 무리의 승객들이 떠나고 빗소리에 귀를 기울인다. 언젠가 해바라기잎 사이로 떨어지던 여린 빗소리가 좋아 따뜻한 침대로 파고들어 잠들고 싶었던 기억이 아련하다.

"빗소리는 저를 받아주는 자리에 따라 다른 소리를 울려 주네요."

"비도 그렇고 바람도 그렇고 받아주고 스치는 것의 소리라 해야 맞겠네요. 음식도 먹어 주는 입에 달려있고 옷도~. 만물이 교접하는 인연에 따라 달라진다는 이치~."

기다린 듯 금방 날아온 답글이 반가워 자꾸 읽는다. 그보다도 마지막 구절의 교접이라는 단어가 마음에 걸린다. 만물이라는 표현을 빌리지만 남녀라는 두 글자를 말하는 것 같아 상상은 엉뚱한 나래를 편다.

오지 않는 버스가 으스스 춥게 만드는데 어둠이 내려앉는다. 문득 등이 따뜻하다는 생각이 들었다. 오는 길, 시장에서 따끈한 호떡 네 개를 봉지에 담았다. 두 개씩 나눠 먹으면 적당하리라 배낭에 담은 그것이 내 등을 따뜻하게 녹여주고 있었다. 만물이 교접하는 인연에 따른 것인가. 내 등이 호떡을 만난 인연에 마음도 한결 따뜻해지는 중이다.

별이 빛나던 밤

운동이 끝나는 시간, 해가 지고 어두워지면 텅 빈 뱃속은 고래라도 집어삼킬 듯 허술하다. 이런 날 "내가 저녁 산다!" 하는 시원한 목소리가 들리면 누구라도 영웅이 된다. 소주 한 잔 시원하게 들이킬 기분에 남자들은 목소리도 들뜨고 안주 삼아 나오는 회무침이 그럴싸한 집을 찾아내는 안목은 여인들이 한 수 위다.

식탁이 서너 개, 조그만 술집에 자리를 잡았다. 이 집은 생김치 맛이 그만이라고 이끈 이가 귀띔을 해준다. 부드럽게 삶아진 콩나물 위에 가오리가 얹어지고 그 위에 양념장을 뿌리니 감칠맛이 더한다. 소주에 맥주가 부어지면 초여름밤의 우정은 절로 깊어진다. 감히 흰머리 할매가 이 젊은 친구들과 우정을 논하기는 어불성설인 줄 알아도 늘 착각 속에 살아온 세월 아니던가.

알딸딸한 기분에 소리도 조금 높아질 즈음 옆 테이블에 세

남자가 앉는다. 모자를 눌러썼어도 기억에 남아있는 얼굴이다. 음악과 함께 우리를 옭아매던 그 남자, 한때 우리는 별이 빛나는 밤에 별을 보지 않고 그들을 찾았었다. 비껴갈 수 없는 세월인가 초라한 모습, 어두운 불빛 때문인가? 다시 한번 확인한다. 한때 많은 소녀의 눈길에 묻혀 살아온 그들, 아직도 그 시절의 환상에 머물러 있길 바라는 내 심사.

정작 우리가 사랑한 사람은 그들이었을까. 음악이었을까. 모두가 잠든 깊은 밤 라디오 스피커에 귀를 기울이며 들려주는 음악에 취해 엽서에 글을 실었다. 당신의 모습을 그리고 또 그린다고. 답장 없는 엽서 일방통행이었다.

즐겨 다니던 뮤직박스가 있었다. 그곳의 DJ는 〈Tower tall〉을 늘 들려주었었다. 여자가수로 착각하게 만드는 달콤한 목소리, 그 음악이 끝나기 전에 자리를 떠 집에 가는 내게 불만을 얘기했다. 그 노래의 여운을 담아가고 싶은 마음을 몰랐다. 눈이 부리부리한 그는 히프가 크다는 '히프킹'이라는 애칭으로 불리었다. 그가 의대를 잠시 휴학하던 시절이었다.

'신청합니다'로 시작하는 쪽지에는 가수 이름과 노래 제목이 전달되지만 '나 여기 왔습니다.'라는 신호가 전달되는 수단이었다. 친해지면 쪽지가 없어도 신청곡이 울려온다. 당신을 '기다렸습니다' 하는 DJ의 환영사다. 〈Stand by your man〉이 울리면 어느 구석엔가 히프킹을 연모하는 음대생이 앉아 있다는 걸 알게 된다. 만화의 여주인공처럼 동그란 눈에 귀여운 아가씨였다. 좋은 인연으로 이어지길 바라지만 벽 하나를 사이에 두고 음악을 듣는 세상과 바깥세상은 뜨거움과 차가운 세상을 함께 이겨내야 하는 어려움이 있었다.

몇 년 전 그가 암으로 세상을 떴다. 종합병원의 교수로 재직한 의사여도 본인에게 찾아온 병마는 어찌할 도리가 없나 보다. 아니 그 본업에 의해 더 깊어진 병인지도 모른다. 그와 함께 충장로 뮤직박스의 기억도 사라지고 밤마다 힘차게 울리던 〈Keep on running〉도 기억에 아련하다.

이제는 고흐의 그림을 떠올리는 별이 빛나는 밤, "잠 못 이루는 그대에게"로 시작되던 DJ의 다정한 목소리에 젖어 라디오 볼륨을 맞추며 또 하나의 엽서를 그리던 칠십년대 소녀들, 이제는 가수 에녹의 녹아드는 눈빛에 빠져 옛날의 노래를 다시 들려달라고 애걸한다. 별은 빛나지 않아도 늘 빛나는 밤을 꿈꾼다.

손자의 가을

고사리 손 힘도 세다
손자놈 애절한 눈빛은 문밖을 향한다.
초가실 햇살에 나뭇잎이 저리도 살랑거리는데
조그만 방안에 블록 쌓기가 오죽 답답했으랴

시소에 마주 앉아 하늘을 본다
오르락내리락
하늘을 향해 퍼지는 환한 아이의 웃음소리
아! 행복한 시간
가슴을 열고 숨을 크게 들이쉬는데
며느리의 걱정이 빛의 속도로 날아온다
"어머니 오늘 미세 먼지가 높아요."

이 할매는 미세 먼지가

얼마나 무서운지 몰랐구나.
엉덩이를 뒤로 빼는 손자를 달래가며
돌아오는 길
먹먹해진 가슴에 아롱져 오는 커다란 눈망울

백암골 떡갈나무에 깃들어 살던
날다람쥐 한 마리
고놈의 눈망울이 그리도 동그랬지
두 손에 오물오물 도토리 한 알
언젠가는 내 손자랑 보고 싶던 모습인데

김밥 냄새를 풍기던 숲속의 은박지 한 쪼가리
반짝거리는 그것에 잠시 홀렸던가
꿀떡 삼켜버린 순간의 고소함이
숨이 막히고 피 흘리는 아픔일 줄이야.
텅 빈 둥지에 미안하다는 말밖에 채울 수 없구나

누가 만든 미세 먼지인가
뿌연 하늘은 백내장에 답답하고
내 집만 깨끗하면 상관없는 몹쓸 사람의 손길은
오늘도 여린 생명들을 쓰나미로 할퀸다.

의사 선생님의 주사기 앞에서 아이는 콜록거리고
들려줄 얘기 잃어버린 할매
아이의 손에 갈색 크레용을 쥐어준다.

순자 이모

콩나물시루처럼 숨 막히게 들어찬 사람들, 역에 도착할 때마다 밀려오는 사람들 속에 나는 꼼짝 못 하고 있었다. 피난민 열차였을까. 어른 사이에 낀 나의 작은 체구는 숨쉬기도 힘들었다.

"아이고 아기 깨져 죽어."

누군가의 비명이다. 내가 안쓰러워 터지는 소리 같기도 하지만 본인도 힘들다는 체념이 깔린 목소리다.

다섯 살 첫 기억이다. 이모 손 잡고 기차를 탔다. 도착한 곳은 정읍 시골집. 햇빛 가득한 그 집 마당에는 텃밭을 지난 안쪽에 가마니로 엮어진 측간의 문이 비뚜로 걸려 있었다. 그 안에서 보게 된 노란색 위의 하얀 생명체, 그것들은 어디론가 열심히 기어가고 있었다. 그 안에 가득하던 야릇한 냄새는 어른이 된 후에도 종종 그 시절로 나를 끌고 갔다.

이모는 양재학원 선생님이었다. 내 어머니와 다르게 이모는 훤칠한 키에 서구적이었다. 어머니는 왜 하나뿐인 나를 그곳에 보냈는지 모른다. 이모는 아직 결혼 전이었고 객지에 혼자라 쓸쓸했는지 모른다. 유치원에 가기 싫어서 아침이면 거짓말을 했다. 배가 아프다고 짜증 내면 찐빵집에 가서 달래었다. 달콤한 빵 하나에 우리의 협상은 끝났다. "어린아이는 천진하다." 말하는 그는 아이보다 순진한 사람이다.

유치원 끝날 시간이 되면 친구들과 함께 찾아온 이모는 춤과 노래를 부르게 해 나를 자랑했다. 가운뎃손가락을 동그랗게 구부려 멋을 부리며 열심히 춤을 추었다. 세상에 가장 행복한 시절은 저 때라고, 무슨 걱정이 있겠느냐며 이모 친구들은 박수로 칭찬해 주었다. 나는 그 말은 틀리다 생각했다. 아마 그 어른은 걱정이 많았는지 모르지만 나는 얼른 어른이 되고 싶었다.

유치원에서 배운 노래로 잔칫날이면 할머니들 앞에서 재롱을 부렸다. 친척의 결혼식 날은 예쁘게 단장하고 꽃바구니를 들고 신랑 신부 앞에 꽃을 뿌렸다. 이모는 그 시절 유행하던 낙하산 천으로 원피스를 만들어 입혀 주었다. 양재학원 선생님의 실력은 내 어깨에 펼쳐지는 나비처럼 화려한 맵시로 자랑되었다.

그 시절에는 어머니의 자리를 이모가 차지하고 있었다. 학교에 입학하던 해 부산에서 사 온 가죽 가방과 샌들이 유일한 어머니의 선물이었다. 한국동란 후라 부산이 서울이던 시절이다. 하얀 샌들은 걸을 때면 사그락거리는 소리가 좋았다. 고무신에서 느낄 수 없는 상쾌함이다. 돌부리에 가끔 넘어지던 시절, 그 신발은 공주처럼 의젓한 자세로 걷게 했다.

이모는 부산에서 만난 남자와 결혼하였고 줄줄이 딸만 넷을 두었다. 조카 사랑은 잠시 거두어졌는데 중학교에 입학하자 교복을 손수 만들어 주었다. 교복은 어깨선이 단정하게 각져 있고 허리의 벨트는 날렵한 모습을 돋보이고 하얗게 풀 먹인 카라는 소녀들의 자존심이었다. 빙그르르 돌면 180도 펼쳐지는 치마는 무릎을 기준으로 몇 센티 내려와야 하지만 빳빳한 속치마로 한껏 부풀리고 무릎 위로 짧게 입고 싶은 심사는 감출 수 없는 여자의 본능인지 모른다. 그러나 멋진 모습으로 변모하고 싶던 꿈은 무너졌다.

이모가 만들어 준 교복은 순모가 아닌 반모, 어깨는 힘없이 내려앉아 볼품없고 치마는 천을 아껴 폭이 좁아 빙그르르 돌아도 펴지지 않고 엉덩이 쪽은 반들거려 아무리 봐도 교내 제일 못난이로 만들어 버렸다. 양재학원 선생님 실력은 어린 시절 낙하산 원피스로 끝이었나 보다. 양장점에서 맞춘 비싼 가격의 교복을 살 수 없는 우리 집 실정에 도움을 주고자 이모는 나선 것이다. 그 못난 모습으로도 기죽지 않고 삼 년을 버틴 것이 장한 것이다.

이모는 딸 넷을 둔 다음에 귀한 아들을 낳게 되었다. 얼마나 기다렸는지 이름도 이 도령이라 불렀다. 아들 사랑이 지나쳐 마루에서 마당을 향해 오줌을 누어도 이쁘다 했다. 이모부의 사업이 잘 풀리던 시절이었고 대학에 들어간 나를 위해 이모는 볏짚으로 짠 가방을 사주었다. 그 가방은 여학생들의 멋이기도 했고 노트와 책을 한두 권 넣기에 적당했다. 미역귀처럼 하얗게 너울거리는 블라우스를 까만 교복에 맞춰 입게 했다. 가장 큰 선물은 이모네 집 가운데 방 다다미방을 내게 주었다. 함께 살면서 중학교에 들어간 딸아이 교육을 도와 달라 부탁하였다.

남들은 나를 착한 아이라 보았지만 그렇게 보이려 노력했을 뿐이다. 수업이 끝나면 제과점에 앉아 뮤직박스 디제이에게 메모로 수다를 떨었고 데모를 핑계로 휴강을 선동하고 남학생들과의 미팅에 참여하려고 도자기 만드는 데 필요한 진흙 캐러 간다고 집을 빠져나왔다. 그런 나를 위해서 이모는 대구에서 초대한 동호회 학생들을 위해 한 상 가득 채운 식사를 준비해 주고 기를 살렸다.

이모부는 신랑감은 내가 찾아 줄 테니 연애하지 말라 신신 당부였지만 약속을 지키지 못하고 세상을 떠났다. 위암이었다. 늘 입가에는 담배가 물려있고 그 연기에 한쪽 눈은 반이 감겨 있었다. 집 앞 골목을 걸을 때면 방귀를 연이어 뀌어 우리를 배꼽 잡게 하더니 그 징조가 보인 것인지 모른다. 큰아이가 고등학생, 줄줄 이어질 오 남매의 뒷바라지가 문제였다. 이모부의 사업을 정리하지 못하고 남편의 사업이니 이어서 하겠다던 운수업은 이모의 고집으로 몇 년 후 빚만 남게 되었다.

　이모의 사랑을 받고만 자라온 나는 이모를 위해 어떤 도움도 주지 못했다. 귀하게 키운 아들은 원양어선을 타고 해외로 나가고 유학까지 보내겠다던 네 딸도 학업을 포기하고 일찍 직업을 찾았다. 음식 솜씨가 좋은 이모는 식당으로 열심히 제 자리 찾으려 노력했지만 나이 들어 그마저도 정리하여야 했다.

　혼자 된다는 것은 경제적인 어려움만 따르는 것이 아니었다. 사랑이 많던 이모는 외로움도 이겨내기 힘들어했다. 딸들이 결혼으로 어머니 곁을 떠나고 외동아들도 제 일에 바빴다.
　이모는 천 원이면 하루가 즐겁다고 했다. 콜라텍에서 춤으로 하루를 즐겼다. 밥보다도 소주를 즐겨 마셨다. 가장 가까이 이해해 줄 큰언니인 내 어머니도 못마땅하게 여겼다. 목걸이는 화려했고 머리는 길게 물결이었다.

순자 이모 … 235

"아무리 깨끗해도 뱃속에 똥 안 든 사람 없다."

친정 식구들의 잔소리가 지겨워지면 던지는 한마디, 그 짧은 대답으로 자신을 위로했을까. 독한 술로 허기짐을 채우던 이모는 간의 손상으로 세상을 떠났다. 세월이 지나고 보니 우리가 이모를 좋은 방향으로 이끌기 위해 생각한 잔소리가 도움이 되지 않았다. 상처 난 곳에 자꾸 쓰라림만 얹어주고 있었다.

이모는 본인의 칠순에 자식들에게 똑같은 목걸이를 두 개 부탁하였다. 그 하나는 큰언니에게 선물하였다. 언니 칠순에 둘이 함께 떠났던 제주도 여행에 보답하고자 했다. 호박을 순금으로 둘러싼 목걸이다. 후일 요양원에 들어간 어머니는 유일하게 남은 그 목걸이를 내게 물려주었다. 찬 바람 언뜻 불어 쌀쌀해지는 날이면 그 목걸이는 허전한 목을 감싸고 돌아 잠시 늙어가는 나를 잊게 해주었다.

가끔, 누구에게나 들어있다는 뱃속의 똥이 생각나면 나의 허물을 생각하게 된다. 남의 허물을 보면 내 안에도 그것이 있음을 알게 된다. 막둥이 이모와 나는 농담처럼 그 말을 다시 주고받으며 카바레 불빛 아래 휘도는 이모를 상상해 본다. 이제 이모 나이만큼 살다 보니 도란도란 친구가 되어주지 못하고 입만 비쭉거린 세월이 아쉬워진다. 얼마나 외로웠을까,

이제 이 세상에 없는 사람, 후회는 꼭 지각생으로 더디 온다. 그래도 우리는 아직 카바레 들어갈 용기가 없다. 용기는 결핍에서 태어나는 생존의 몸부림 같다.

언젠가는 나도 집을 떠나야 할 때가 오리라. 아들도 딸도 이 집에선 욕심내서 챙겨 갈 것은 보이지 않는다. 저 못난이들은 어디로 가야 할까. 다른 선인장들은 화려한 꽃이라도 피워 내는데 이 못난이는 한 번도 꽃을 보여준 적이 없다. 그래도 기대를 버리지 않는다. 언젠가는 필 거라고 단지 내 앞에서 피어주길 바랄 뿐이다. 그 꽃을 자랑삼아 시집이라도 보내야 한다. 늙을수록 사나워지는 가시를 가만히 들여다본다. 나랑 닮은 것 같기도 하다.

〈묵상〉 80F(유채화)

외할아버지

생전에는 무심했던 자식일지라도 돌아가시고 나면 이름만 들어도 눈물이 난다. 못 드린 것이 너무 많아서인가. 조금만 더 우리 곁에 살아계셨다면 효도할 시간이 있었다고 변명한다. 먼저 해야 할 일과 천천히 할 일을 구별하지 못하면 남는 것은 늘 후회뿐이다.

머리숱이 많고 눈썹이 검었던 할아버지, 북을 치며 창을 하셨다. 라디오를 켜두고 가끔 코를 고셨지만 꺼버리면 금방 깨어나셨다. 산판 사업이 어려워지고 나서 일정한 수입이 없어도 가세를 이어갔던 것은 산양을 키우는 할아버지의 노력이 뒷받침해 주었기 때문이다. 여름에 풀을 베어 건조해 겨울 먹이로 저장해 두고 똥을 치우고 물을 챙겨주는 일은 오로지 할아버지 몫이었다. 산양유를 매일 마시는 우리는 남보다 뽀얀 피부를 자랑했다. 송정리 사무실 텃밭에 낙교를 심어 그 새콤하고 사각거리는 맛으로 밥상에 올렸다. 그날은 젓가락이 바빠지는 날이었다.

산판 사업 때는 산에 머무셨다. 눈 속에 피는 노란 복수초를 선물로 가져와 뒷마당에 심어주셨다. 봄날 처음 만나는 꽃이 이 복수초라면 건강과 복을 선물 받게 된다는 전설이 있다. 이모나 내가 건강한 것은 할아버지의 보살핌 덕분이다. 아르바이트로 늦게 귀가하는 손녀의 밤길이 걱정되어 집 앞에 나와 기다려 주셨다. 언제라도 잘 다녀왔다는 목소리가 들리기 전에는 잠자리에 들지 못하셨다. 햇살 좋은 날 뒷마당에 내어놓은 나무 의자에 나를 앉혀두고 보자기 하나 목에 감아주면 간이 이발소가 차려진다. 머리숱이 많은 내 머리는 힘드셨는지 미련한 사람이 숱이 많다고 불만이었다. 정작 본인의 유전인자를 물려받은 거라는 생각을 못 하셨나 보다. 두드러기라도 나는 날이면 짚을 태워 그 연기를 받은 빗자루로 몸을 쓸어주셨다.

선거철이 되면 통장 할아버지는 왜 그리 바빠지는지. 어쩌다 받게 된 수고비는 남 위해 다 써버리고 집에 오실 땐 늘 빈손이었다. 그럴 때마다 할머니의 끝없는 불평이 이어졌다. 집안 살림을 꾸리시니 늘 부족한 살림에 아쉬운 마음은 당연했다. 환갑이 낼 모래인데 벌어놓은 것 없이 어쩌냐고 노래

불러도 입가에 수염을 만지작거리며 한 귀로 흘리시는 할아버지는 숙제 안 한 아이 같았다. 환갑이 되면 뭔가 눈에 보이게 쌓아 놓아 자랑할 것이 있어야 한다고 어린 손녀는 생각했다.

노년에 할머니는 손자 손녀 돌보아 주는 일을 마다하셨다. 평생을 허리 펼 날 없이 사셨던지라 일에서 해방되고 싶어 하셨다. 할아버지는 가게 일에 바쁜 큰며느리를 돕고 싶어 하셨다. 며느리는 사업수완도 좋았고 직원들 식사 챙겨주는 일까지 남의 손 빌리지 않고 혼자 해내는 살림꾼이었다. 손자 손녀들과 놀아 주시는 일은 할아버지 몫이었다.

가끔은 공원에 오르시기도 했다. 거기서 만난 친구들과 술 한잔을 즐기셨는데 "내 소원은 공원 친구들에게 막걸리 한 잔 거하게 사주는 일"이라고 하셨다. 얻어 마시는 날이 더 많아 미안한 마음에 하신 말씀이다. 친구들과 즐거운 하루를 만들어 드릴 수 있는 지금, 할아버지는 계시지 않고 막걸리는 가슴 아픈 술이 되었다. 그 시절 내 주머니는 가벼웠다. 아니 세 삼촌이 계시니 당연히 하실 일이라고 미룬 것이다. 받는 일에는 먼저 손을 내밀었지만 드리는 일에는 뒤로 미루는 얄팍한 심사였다.

얼마 전 공연 보러 가는 날, 향교를 지나 공원의 언덕길을 걸었다. 어린 날 보았던 가로수는 이제 거목이 되어 울창한 숲을 이루었다. 세월이 아름답게 만들어 주는 것은 나무뿐인가 보다. 초여름 나뭇잎 사이로 석양이 스미고 있었다. 이렇게 아름다운 줄 모르고 살았다. 할아버지가 거닐었을 길, 천천히 걸으며 문득 내 나이가 할아버지 가신 나이를 넘어서고 있다는 생각이 들었다. 천상병 시인의 「귀천」이 이동원의 애절한 음성에 실려 멀리서 날아왔다. 코가 찡하게 아려왔다.

나 하늘로 돌아가리라
아름다운 이 세상 소풍 끝내는 날
가서, 아름다웠다고 말하리라

막걸리로 하루를 버티던 시인, 그도 노랫말 따라 귀천하고 지난해 가을, 목소리도 가을 같았던 이동원도 떠났다. 내 할아버지 가시고 얼마나 많은 봄이 가고 가을이 갔는가. 나 이제 돌아가 할아버지 만나면 아름다웠다고 말할 수 있을까? 분홍빛 물드는 구름이 팽나무 사이로 언뜻 비쳐가고 그리움인지 서러움인지 눈물이 솟는다. 못다 드린 사랑은 이렇게 아픈 것인가.

이별에 필요한 시간은 얼마인가요

감자꽃이 피었습니다. 뿔처럼 돋아난 싹, 차마 버릴 수 없어 흙에 묻어주었습니다. 푸른 줄기를 실하게 키우며 잎이 무성하더니 하얀 꽃이 노란 수술을 가운데로 쫑긋 내밀며 피었습니다. 세상에 버려졌던 모든 것 저렇게 피어난다면 얼마나 좋을까요.

"바람과 뻐꾸기 소리로 감자꽃만 피어납니다."

이 시가 좋아서 감자꽃 피는 유월을 기다렸습니다. 시댁 가는 해안 길, 여문 감자를 캐는 아낙들을 보며 꽃이 궁금했습니다. 그 꽃을 이제야 봅니다. 화려하지도 않고 향기도 느껴지지 않는 소박한 모습입니다.

먼저 세상을 떠난 부인에 대한 애틋한 그리움, 시인은 평생을 그렇게 그리워하며 살 것 같았습니다.

누구에게나 크고 작은 이별이 있습니다. 내게 찾아온 이별은 남이 알지 못할 아픔이었습니다. 기쁠 때 함께 할 수 없어 더 슬펐습니다. 이 시를 내 마음인 양 읊조렸습니다. 초여름 햇살 아래 하얗게 피어난 감자꽃이 바람결에 흔들립니다. 한 남자의 뒷모습도 아련히 바람 속에 흔들립니다.

문득 내 어머니는 어떤 꽃을 좋아하는가 생각해 보았습니다. 부끄럽게도 일흔 해가 넘도록 물어본 적이 없었습니다. 시인의 부인 흔적을 꽃으로 그려 보면서 정작 내 어머니가 즐겨 부르던 노래도 모르고 살았습니다.

아마릴리스의 긴 목이 하늘을 향해 꽃봉오리를 키우던 날, 어쩌다 부러졌는지 어머니는 부러진 꽃줄기를 붕대로 감아주고 있었습니다. 이미 끝난 생명, 부질없는 일이라고 외면했지요. 며칠 후 갑자기 허리를 다쳐 병원에서 달포를 지내게 된 어머니, 몸을 추스르고 돌아온 날 반겨준 것은 그 아마릴리스였답니다. 분홍빛 꽃잎이 활짝 피어나 맞이해 주었어요.

"네가 꼭 나를 닮았구나."

불편한 몸으로도 꽃잎을 감싸주었어요.

꽃은 지기 전에 보러 가자고 앞장서면서 왜 사랑하는 사람은 잊고 사는지요. 따뜻한 손을 잡아줄 수 있을 때, 보고 싶었다고 들려줄 수 있을 때, 그때는 왜 찾아가지 않나요. 외롭게 내버려두고선 뒤늦게 검은 상복 앞에서 눈물로 감추려 합니다. 살 만큼 살았으니 저세상 가서도 서운치 않을 나이라고 변명하며 마음 저변에서 외면합니다. 어머니 눈빛은 아직은 아니라는데 기다리는 사람들은 오지 않습니다.

가슴 반쪽은 당신의 몫이라던 그 시인, 그 가슴 반쪽을 다른 누군가로 채웠나 봅니다. 사랑이 깊으면 이별을 감내하기 힘들어 새로운 사랑에 쉽게 빠진다는 일 참말일까요. 밀려드는 쓸쓸함에 감자꽃도 가여워집니다.

어머니의 아마릴리스는 돌봐주지 않아도 화분 가득 뿌리를 채워줍니다. 몇 뿌리 지인들과 나누었습니다. 봉선동에서 피어나고 진월동에서도 피어납니다. 꽃소식이 들려올 때면 꽃대를 붕대로 매어주던 어머니 모습이 생각납니다. 다시는 꽃 앞에 설 수 없는 몸이지만 환하게 웃어줄 것 같습니다,

이별은 어느 때부터라고 말할까요. 눈에서는 멀어도 가슴 깊이 내린 뿌리가 계절 따라 나를 흔들어 놓습니다. 차마 뿌리 뽑지 못하는 심사는 아직도 놓지 못하는 미련인 줄 알았는데 세월 흐르고 보니 그 뿌리에 의지하여 살았습니다.

이별은 시작이 아픔이듯이 끝내는 아픔도 있습니다. 기억하는 마음 한편에 잊어야 한다는 하나의 소리가 맴을 돕니다.

이별에 필요한 시간은 얼마인가요? 묻고 싶은데 시작도 없고 끝도 없는 천 가지 얼굴로 찾아와 심술을 부리고 침묵에 빠집니다.

헛간 한 귀퉁이 거기에서라도 할아버지의 헛기침 소리도 듣고 싶고 할머니의 닭을 부르던 목소리도 찾고 싶은 것이다. 그곳에는 나의 근본인 그분들의 냄새가 스며있다. 텃밭 울타리에서 따던 오이의 상큼한 향기도 묻어오고 콩물국수 만들어 나를 부르던 고모 냄새도 숨어 있다.

〈고향의 추억〉 80F(유채화)

내 마음의 숨은 가보

가보! 자손 대대를 이어 물려주고 싶은 보물이지만 받고 싶어 할는지 의문이다. 값비싼 보석도 아니고 귀한 골동품도 아니다. 고가로 사고파는 이름난 화가의 그림도 아니다. 세상에 알려져 귀하게 보관해야 할 그 무엇도 아니다.

가로 150cm 세로 95cm의 캔버스에 그려진 유화다. 얇게 깎아 낸 대나무로 촘촘히 엮어진 키와 그 안에 담긴 빨갛게 익은 고추, 그것들 아래 짚 다발 한 묶음과 새끼줄이 놓여있다. 이것들은 아무렇게나 던져놓은 써레와 함께 고양이 두 마리가 귀를 세우고 습기 찬 흙 돌담을 배경으로 웅크리고 있다. 퀴퀴한 헛간 냄새가 물씬 풍겨올 듯, 어느 귀퉁이엔가 거름 더미가 있을 것 같다. 그리움이 쌓인 시골집 한 귀퉁이, 어린 시절엔 냄새가 싫어 기웃거리기 싫던 곳이다.

여섯 살 딸아이 손을 잡고 남편과 나는 오래된 초가를 찾아

화순으로, 담양으로 발품을 팔았다. 새마을 운동으로 지붕을 기와로 개량하던 시절, 종일 걸어도 찾는 풍경은 보이지 않았다. 자가용 승용차가 없던 시절, 우리는 가끔 지나는 완행버스를 기다려야 했다. 뜨거운 여름날, 아이는 그래도 잘 따라 주었다. 우리가 그리고자 한 것은 초가지붕이 아니라 지붕 아래 머무는 작은 풍경이다. 방학이면 머물던 고향의 모습이었다.

할아버지 할머니도 먼 길 떠난 지 오래고 고향의 정든 집은 낯선 사람의 식당으로 변하였다. 행여 그 자리에 서성인다 해도, 마당을 쓸던 빗자루 소리가 그립다 해도 옛날의 그 소리가 아니다.

대나무 숲에 바람 소리 사락거리는 밤, 할머니는 희미한 등잔불 아래 바느질을 하셨다. 웃는 모습을 보이신 적이 없던 할머니, 들창에 달그림자만 비쳐도 숨죽여 바라봤다. 아이가 아장아장 걸음마를 배우고 도리도리를 배울 때 아버지는 이념 갈등의 희생제물이 되었다. 나이 스물여덟. 어느 깊은 산속에 외롭게 묻히게 되었는지, 아니면 북으로 갔는지 모른다. 북에 있어도 좋으니 생존해 있길 바라는 마음 늘 가슴에 안고 살았다. 둥그런 턱과 입매가 닮았다고 아버지의 모습을 내게서 찾으려다가 가끔은 주근깨까지 닮았다고 혼잣말을 하였다. 아들의 손길이 닿았던 것이면 무엇이든 돌아가시는 그날까지 간직하였다. 부디 그곳에서 아버지와 반가운 해후로 얼싸안고 못

내 마음의 숨은 가보 ··· 251

나눈 얘기라도 나누셨다면 이승의 한을 푸셨을 텐데. 누구의 서러움이 출렁이는지 대숲에 눈이 쌓이면 바람을 몰고 와 문풍지를 울린다.

헛간 한 귀퉁이 거기에서라도 할아버지의 헛기침 소리도 듣고 싶고 할머니의 닭을 부르던 목소리도 찾고 싶은 것이다. 그곳에는 나의 근본인 그분들의 냄새가 스며있다. 텃밭 울타리에서 따던 오이의 상큼한 향기도 묻어오고 콩물국수 만들어 나를 부르던 고모 냄새도 숨어 있다.

그림은 남편의 손길로 그려졌다. 나만의 슬픔인데 함께 울어 달라 애결한 것인가. 흘러간 세월만큼 그림도 많이 퇴색했다. 얘기를 들려준다 한들 아들이 이 그림을 소중히 간직해 줄 것 같지 않다. 나 혼자만이 담고 가야 할 숨은 얘기다.

가을 愛

 앞치마를 풀고 소파에 몸을 기댄다. 긴장했던 허리며 다리가 편한 자세로 누그러진다. 남편이 빵빵한 쿠션을 등 뒤로 넣어준다. 휘어지는 내 등이 안쓰러운가, 젊은 날에는 없던 자상함이다. 하루 중 가장 행복한 시간. 하루의 일과를 마치고 이렇게 앉아서 아이스크림을 맛보는 시간이다. 임플란트로 보충해 준 어금니가 차가움에 반기를 들지만 살살 달래가며 그 달콤함을 아껴 삼킨다.
 텔레비전에 나타난 가수 김필의 훤칠한 모습에 시선을 모은다. 밝으면서도 어두운 두 음색이 혼합된 독특한 목소리다. 가슴 뭉클해지던 노랫말 한 소절, 가을밤 대나무 숲속을 지나는 바람 속에 나만 홀로 남겨진 아이처럼 슬펐던 기억이 되살아난다.
 "버려도 되는 가벼운 추억만 서로의 가슴에 담기로 해요"
 〈다시 사랑한다면〉의 한 소절이다. 누군가를 그리워하는 노래에 흠뻑 빠진 나를 눈감아 주는 남편. 그도 그렇게 생각 나는 추억이 있었을까. 슬픈 기억도 세월이 가면 아픔은 지워 지고 보석처럼 반짝이는 단단함이 자리 잡는다. 그마저도 없 었다면 얼마나 심심한 세월이 되었을까. 들리는 노래마다 내 노래인 양 휘감고 돈다. 귀도 눈도 입도 호강에 빠져 달콤한 졸음이 스며든다.

얼마나 아끼고 쪼개어 쓰던 시간이었던가. 새벽에 일어나 도시락을 챙겨주고 딸아이 등교시키고 아침 회의를 위해 출근 을 서두르는 일상은 총알 없는 전쟁터였다. 화장실에 머무는 시간에 얼굴에 분 바르는 작업도 동시에 해야 했다. 버스 타 는 시간도 책을 읽거나 음악을 듣거나 두 가지 일을 해결하는 버릇. 지금도 이렇게 아무 생각 없이 쉴 수 있는 시간이면 숙 제를 안 하고 노는 아이처럼 귀한 하루를 허투루 보내는 것 같아 미안하다. 그러나 노년에 우리만이 차지할 수 있는 여유 로움이 아닌가. 그동안 고생하고 살았다는 포상의 의미로 주 는 여유로움일까? 그러나 세월은 화살처럼 빠르다.

이제 지하철을 무료로 탈 나이가 되었다고 서울에 사는 이 종 동생이 안부를 전해온다. 소감이 어떠냐고 물었다. 지하철 에 탄 노인들이 보기 싫었다는 대답이다. 젊은이들이 내게도 그런 감정을 느꼈을지 모른다. 나도 노인이면서 노인 옆이 싫던 때가 있었다. 하루는 버스 옆자리에 앉은 할아버지의 하소연을 들어야 했다.

"내 나이 90이요, 아들이 매달 용돈을 넉넉하게 줘요. 친구들하고 함께 밥을 먹고 싶어도 모두 저세상 가버려서 없어요."

몇 마디 얘기 들어주는 일이 왜 힘들었을까. 행여 친구라도 되어달라는 부탁이 이어질까 두려웠다. 내려야 할 정류장을 핑계로 그 자리를 떴지만, 나도 누군가에게 다가서면 그렇게 싫어하리라는 자괴감이 들었다. 아직도 젊어 보이고 싶다는 미련을 버리지 못한 탓이리라. 늙으면 남자들은 안사람을 우리 집 할망구라 부른다. 약간 비하 섞인 호칭 같지만 구십을 바라보는 나이란 말이기도 하다. 세월에 대한 서글픔이 담긴 부름이다. 내 나이 아직은 망팔이니 젊다는 위안을 한다.

가을이면 우수수 떨어진다. 나뭇잎만 떨어지는 것이 아니다. 빗자루를 들고 청소하던 남편, 잔소리를 한다. 웬 머리카락이 이렇게 떨어지냐고. 긴 머리가 분명 당신 것이라고 수건을 쓰든지 묶으란다. 그러나 식사 때면 마주 앉아 바라보는 남편의 머리, 까맣게 찰랑거리는 머리칼 대신에 성긴 머리 몇 가닥 자리를 지킨다. "모자를 써야 하나 봐." 웃으며 농담처럼 던져도 되돌릴 수 없는 남편의 젊음에 코가 찡하다.

여기저기 겉이 벗겨지는 소파. 우리를 닮아 초라하다. 남편이 추웠는지 얇은 담요 한 장 덮고 누워있다. 영락없는 노인이다. 거실에서 보이는 문들, 오렌지빛으로 바꿔볼까. 노인들만 사는 집에서 느끼던 어둠, 그리고 냄새. 그래도 한껏 여유를 부려 마음에 없는 소리를 한다.

"이렇게 우리가 건강한 것도 복이고 애들도 다 가정을 꾸렸으니 이젠 욕심날 것도 없어요. 설령 우리가 세상을 떠난다 해도 아이들도 아쉬워하지 않을 나이가 됐어요. 옛날엔 칠십 넘으면 호상이라 했어요."

찬바람 속에 붉게 물들어 가는 나무들. 이별을 준비하고 있다. 이별의 자리에는 가장 아름답게 있고 싶다던 시가 생각난다. 신들의 미소가 봄날의 꽃들을 피워 낸다더니 붉게 떨어지는 잎들은 무엇인가. 가장 깊은 사랑을 느낀 것은 이별의 시간이었다는데 나는 어떤 모습으로 이별을 준비할까.

너를 사랑해

▍포인세티아

푸른 잎으로 창가에 그늘을 드리워 주더니 찬바람 저고리 앞섶 파고들면 뜨겁던 고향 하늘 찾아가려나 잎 하나씩 떨어진다. 하얀 눈 내리면 붉게 피어나는 너를 곁에 두고 싶어 하는 사람들, 떨어진 잎새 자리에 상처가 아려도 붉은 포엽에 눈물을 감춘다. 떠오르는 태양을 향해 수정처럼 방울져 흘러내리는 눈물, 가만히 입 맞추면 달콤한 맛으로 가득 스민다. 창문을 열어둔다 해도 벌 나비는 올 수 없는 계절, 어떤 거리에서 피고 싶었을까.

▍사랑초

거동이 어려운 시누이님. 그래도 베란다에 거두는 화분 몇 개나마 손길을 주며 위안을 삼으셨다. 보랏빛 넓은 잎이 무성한 화분 하나 눈길을 끌었다. 색다른 모습에 혹해 한 포기

얻어왔다. 그 옛날 신혼여행에서 돌아와 시댁에 처음 가던 날 입었던 빌로드 한복, 그 빛의 화려함이 닮았다. 나비 세 마리가 날개를 펼친 듯, 그러나 날아갈 수 없는 몸. 줄기 사이로 피어난 연보랏빛 꽃은 가녀린 목으로 햇살을 향한다. 피어남은 시듦을 기약하는가. 불에 그슬린 종잇장처럼 세월 가면 누렇게 변색 되어가는 잎, 보기 싫어 모조리 뜯어냈더니 앙증맞게 작은 잎들이 다시 돋아나고 있다. 옮겨 심은 기억은 없는데 프리지어 곁에도 베고니아 곁에도 왕성하게 자라 주인 행세다. 누가 가르쳐 주지 않아도 잘 찾아가는 우리네 사랑을 닮았다. 장애물이 있으면 더 강해지지 않던가. 계절을 타지 않고 피어나 우리 집 베란다는 사랑초밭이다. 어제는 사랑초 화분 흙을 파내어 주홍빛 뿌리를 걷어 내어 버렸다. 그 자리에 히아신스를 심었다. 사랑도 넘치면 이렇게 천대받는가.

▍목련화

오늘 아침 먼 곳에서 문자가 왔다.

"봄날, 흰 목련꽃의 정령이 당신께 물들기를…"

단순한 봄날의 인사말 한 줄인데 가슴 환하게 목련이 핀다. 정녕 목련의 정령이 내게 찾아온 것인가. 남편은 목련을 즐겨 그린다. 소복한 여인네 같은 꽃잎의 고고한 자태 때문인가. 가운데 오롯이 자리 잡은 봉오리가 하늘을 보고 곁에 벙글어진 꽃잎이 만개의 초입을 알린다. 그림의 하늘빛도 곱디곱다.

하얗게 피어나는 목련을 보면 그때까지 허물 벗지 못한 겨울의 껍데기를 혼자 지고 있는 듯한 내 게으름에 나른함이 한꺼번에 밀려온다. 고아한 그 꽃잎은 나와 어울리지 않아 질투한 자락 깔려있었다. 그러나 아름다움 그 끝자락에는 허무의 날개가 있다. 나무 아래로 한 잎 두 잎 떨어지기 시작하면 여인의 감출 수 없는 나신 같아 외면하고 싶다. 멀리 있어서 참 좋은, 지금 초라한 모습 감출 수 있어 좋은 이만큼의 거리. 만날 수 없는 인연은 언제나 꿈꿀 수 있어 좋다. 답장을 띄운다.

"만수르가 부럽지 않은 아침입니다."

푸른 잎으로 창가에 그늘을 드리워 주더니 찬바람 저고리 앞섶 파고들면 뜨겁던 고향 하늘 찾아가려나 잎 하나씩 떨어진다. 하얀 눈 내리면 붉게 피어나는 너를 곁에 두고 싶어 하는 사람들, 떨어진 잎새 자리에 상처가 아려도 붉은 포엽에 눈물을 감춘다.

〈드럼통의 추억〉 80F(유채화)

5.
나는 너의 좋은 데를 안단다

가을에 만난 소녀
갈대
거리두기
겨울 소묘
고구마말랭이
고모님의 겨울
그때 그 사람
땅은 똥을 마다하지 않는다
꽃 마중
꿈
나 여기 있어요
나는 너의 좋은 데를 안단다
가는 길

가을에 만난 소녀

 여자는 봄에 설레고 남자는 가을을 탄다는데, 바람결이 서늘해지면 아름다운 시어들이 가슴 절절히 파고든다. 이별을 예고하는 손짓 때문인가. 이별의 순간 초라해 보이고 싶지 않은 내 치기 어린 감정은 아직도 붙잡고 싶은 미련 때문이다. 들녘은 황금빛, 비할 바 없는 아름다움으로 출렁이고 흔들리는 억새의 하얀 물결에 나도 흔들리는데. 쓸쓸한 바람결로 우리를 잡아놓고서 안녕하며 먼 길로 떠나는 가을.

 해 질 무렵이면 공원에 나가 배드민턴을 했다. 선선한 바람에 볼을 열심히 쳐도 실력은 엉성하다. 제대하고 돌아온 아들과 뛴다는 게 그저 좋다. 저만치 등나무 아래 벤치가 있다. 그날 유난히 시선을 끄는 한 아이가 있었다. 조그만 체구에 단발머리 소녀, 교복이 아닌 복장에 가방을 멘 모습으로 보아하니 초등학교 6학년쯤 되었을까. 어린애들이야 놀이터가 옆에 있어 늘상 보는 모습인데 이 소녀를 눈여겨보게 된 이유는 동그란 탁자 위에 준비해 둔 케이크 때문이다. 생일 파티라도 준비한 모습이다.

"요즘 애들은 참 대단해 공원에서 생일 파티도 하고."

볼을 주고받는 사이 관심을 두고 보았다. 케이크에 촛불이 켜지면 환하게 웃으며 생일 축하 노래를 부를 텐데 축하받을 주인공은 어떤 친구일까? 얼마 후 전개될 즐거운 파티의 모습이 기다려졌다. 동화의 멋진 왕자님을 기다리는 기대감에 나도 설레는데 긴 시간 지나가도 찾아오는 이가 없다. 자리를 바꿔가며 불안한 마음을 달래는지, 저 안쪽 조그만 돌 위로 옮겨져 있는 케이크, 처음엔 얌전히 앉아 기다리더니 그네에 앉기도 하고 여기저기 서성이기도 한다.

운동하던 사람들도 이젠 집으로 돌아가고 공원은 가로등만 썰렁하다. 길 건너 맞은편에 검게 선 아파트를 바라보는 소녀의 뒷모습이 보였다. 어느 한쪽을 바라보며 움직이지 않고 서 있는 모습은 내 가슴을 답답하게 했다. 차라리 이름이라도 크게 부를 수 있으면 얼마나 좋을까? 불이 켜진 집인가 불을 켜지 않은 집인가? 바라보는 방향을 따라 어떤 집인가 헤아려 보았다. 어두운 밤이 표정을 감출 수 있어 다행이다 싶다. 거리는 지척인데 오지 않는 그 사람은 소녀의 마음을 아는 걸까 모르는 걸까?

딸아이가 대학 졸업반쯤 되었을 때. 반지하 조그만 방에서 원하던 원룸으로 옮겨 주었다. 창가에 작은 화분 하나를 키우고 있었다. 물을 주며 지나치듯 한마디 들려주던 말.

"엄마 이 꽃이 기다려 준다고 생각하면 덜 쓸쓸해."

어두운 방에 불을 켜며 들어설 때 그렇게 외로웠을까. 장애인을 위한 라디오 프로그램을 진행하고 뮤직비디오도 만들어야 하는 바쁜 나날이라 여겼는데 엄마 아빠가 저를 향해 있어도 채워 줄 수 없는 빈자리가 있었나 보다. 가을밤 아파트를 바라보던 어린 소녀의 외로움이 딸아이에게도 찾아왔었던가. 불현듯 스쳐 가는 예감에 물을 수는 없어도 가슴에 작은 바람이 일었다.

은행나무가 동그란 열매를 밤 사이면 떨어뜨려 놓는다. 저걸 주워볼까 말까 망설이다 한 번도 줍지 못하고 가을을 보냈다. 뜨거운 여름이 열심히 키워낸 그것들은 누군가의 손길을 기다렸을 텐데, 흙에 묻힐 수도 없는 보도블록 위에서 무심한 발길에 으깨지는 모습은 안쓰럽고 처량했다. 언젠가 바구니 한가득 담아오리라.

소원했던 친구에게 소식도 묻고, 술 좋아하는 남편에게 인심 한번 후하게 쓰고 싶기도 한 날, 실은 남편을 핑계로 내 가슴이 허한 것을 감추고 싶었었나 따끈한 곰탕 한 그릇 가운데 두고 마주하니 가을은 참 다정한 시간도 있다.

 공원에서 만난 그 소녀는 지금 어떤 모습일까? 어디선가 앞치마를 두르고 사랑하는 사람의 저녁 준비를 하고 있을까. 이젠 중년을 바라볼 그녀, 공원의 기억은 아픔일까, 추억일까. 이십여 년이 흘렀건만 어느 길목에선가 담담하게 작은 미소라도 만날 수 있다면, 가을바람이 차갑지만은 않을 터, 그녀의 뒷모습은 예고 없이 찾아와 감기인 양 가슴이 시리다.

 내일 저녁 공원에서 가을 음악회가 열린단다. 남편 친구들을 꼬드겨 부부 동반 가을밤 나들이를 가자고 했다.
 "오실 땐 꼭 따뜻한 스웨터를 준비해 오세요. 밤의 공원은 춥답니다."

갈대

오라는 거냐 가라는 거냐.
새들 먼 길 떠나고
해 질 녘 출렁임은 이별의 손짓인가.

봄바람 살랑일 땐 꽃향기에 취하고
녹음 짙은 푸르름에 내 청춘 젖었구나.
너의 안부 모르고 어느 바람에 홀렸을까.

밉더냐 이 철없는 사람

갈 데까지 가 버린 게 갈대라더니
쓸쓸한 갯벌에 네 쉴 곳 마련했구나.
어두운 밤 울고 울어도 별빛은 더 싸늘하고
홀로 가는 바람, 눈 시리게 바람했으리.

이별의 순간엔 가장 아름답고 싶다더니
바람결에 흔들리는 그 눈빛 그 손짓은
잊지 말라는 말이더냐

갈대야
춤추자
저 멀리 흘러가는 구름도 멈추게 하라.
밤새워 춤을 추자
하얀 버선에 갈빛 치맛자락 휘날리면
헤어짐도 언젠가는 축복이더라.

거리두기

 불러도 대답을 안 한다. 눈길도 주지 않는다. 어쩌다 힐끗 쳐다보는 눈짓, 그쪽엔 관심 없으니 귀찮게 하지 말라는 것 같다. 미운 일곱 살에 접어든 손자. 그렇게 사랑스럽기만 하더니 냉정하다. 이젠 혼자서도 다른 세상에 들어갈 수 있다는 신호려니 여기면서도 변함없이 내 손길을 반기는 아이이길 기대한다. 내년이면 학교에 간다. 입학선물로 무엇을 해 줄까. 할머니의 주머니는 가난해도 마냥 주고 싶어진다.
 65년 전 우리의 입학은 4월이었다. 운동장 앞쪽 구령대 옆엔 등꽃이 포도송이처럼 주렁주렁 피어났다. 그 보랏빛은 나의 빛이었다. 밝은 햇살 아래 열두 색 깃발로 출렁이던 운동장. 가슴에 달아준 하얀 가제 수건 위에 보랏빛 리본이 팔랑거렸다. 그 빛 따라 찾아간 깃발 아래 기다리시던 천사처럼 고운 선생님.
 나는 바보였다. 나이도 한 살 어리고 키도 작았다고 변명해

본다. 2부 수업으로 오후 등교인데 오전에 가서 헤매기도 하고 깊은 화장실이 무서워 옷에 실례를 했던 것 같기도 하다. 언젠가는 받아쓰기에 틀려서 천사처럼 예쁜 그 선생님께 머리를 맞았던 기억도 있다. 그 예쁜 선생님의 웃는 모습은 기억에 없다. 매 맞은 나는 선생님이 두려움이었다. 암으로 세상을 뜨셨다는 소문을 들었다 몇 년 후의 일이었다.

할머니와 다르게 영특한 울 손자. 자동차 놀이가 끝나면 가지런히 줄 세워 정리한다. 말을 배우면서 알파벳도 익혀가더니 작은 단어는 술술 나온다. 내 중학교 일 학년 시절 실력이다. 근무 중인 엄마에게 아빠가 게임한다고 문자로 보고도 한다. 엄마가 게임하는 아빠 싫어한다는 걸 눈치채고 있다. 아마 저를 외톨이로 남겨둔 보복인가 보다. 학교에 가면 적응할 만큼 자랑스럽게 컸는데도 마음 편치 않음은 내 어린 시절과 다른 세상 때문이다.

짝꿍과 손잡고 걸을 수 있을까? 줄을 서도 멀리 서야 하는 지금 가당치도 않다. 친구와 가까워지며 친근함을 배우고 그를 위한 양보도 배우고 기쁨도 알아갈 텐데 어깨동무도, 안아볼 수도 없다. 행여 손잡으면 먼저 씻는 것을 배우리라. 가까이 다가가 속삭이면 외면할 것이고 침이 튀어갈까 불안하여 마스크를 추켜올릴 것이다. 함께 엎어져 뒹굴며 싸울 수 있는 시간이 그립다. 만물의 영장이라고 자처하면서도 보이지 않는 작은 것들에게 온 세상이 마비되고 사랑하는 이와는 멀어지고 있다.

남창골 계곡에 아기단풍 빨갛게 물들면 자하동 몽가에서 하루를 지내고 싶었다. 손자의 일곱 번째 생일에 맞춰 아들네 딸네 모두 모여 몽골의 나라에 온 것처럼 게르 안에서 밤하늘의 별도 보여주며 손잡고 얘기하고 싶었다. 아침에 일어나 계곡에서 세수하면 물소리도 새소리도 귀한 선물이 되었을 텐데.

통장에 이체를 두드리며 "행복한 시간 되어라." 문자를 보낸다. 할머니가 보내는 선물은 거리 두기로 마감하였다.

겨울 소묘

그곳에도 눈이 오냐고 묻고 싶은 마음 어찌 알았을까.

"밤새 떡눈이 내려 포근한 이불처럼 세상을 덮으셨습니다."

안부를 전하는 그의 문자가 새벽을 깨운다. 부지런한 목소리가 들리는 듯하여 뭉그적거리던 자리를 정리하고 눈길에 나서고 싶었다. 언감생심, 폭설 경보령이 정신 차리라는 듯 울려댄다.

미끄러지는 것이 즐거움이던 시절이 있었다. 방한복이라고 해야 공작실로 뜨개질하여 입혀주던 스웨터는 부잣집 아이나 입던 옷이고 고작 솜 넣어 무명천으로 만들어 입던 저고리가 유일한 겨울나기 옷이었다. 그마저도 소매는 콧물에 젖어 번들거렸지만 벼를 베어내고 남은 그루터기가 비죽이 올라온 논에서 용케 비켜 가며 해가 지도록 얼음을 지쳤다. 솔가지 타는 냄새가 낮은 굴뚝을 오를 때면 엄마가 부르는 소리에 하나 둘 집으로 돌아가고 내일은 나도 길게 길게 바람처럼 미끄러질 거라는 기대를 안으며 사립문을 밀쳤다.

　빨갛게 곱은 손을 잡아주며 할머니는 혀를 쯧쯧 차셨다. 화롯가에 앉히고 내 손을 비벼주시던 할머니 손, 따뜻한 그 손길에 함께 녹아내린 볼은 홍시로 물들어 가고 뜨끈한 된장찌개가 밥상에 오를 즈음 나는 숟가락을 쥔 채 꿈나라로 스르르 접어들곤 했다. 살다 보니 손 시리고 가슴 시리던 날이 추운 겨울 뿐이었을까. 나를 잡아주던 손길이 그리워지면 허전한 손을 어쩌지 못해 주머니가 커다란 재킷을 찾아 입었다.

　눈길을 헤치고 아들네가 오랜만에 집에 오던 날, 거실에서 잠들던 남편은 베개를 안고 안방으로 왔다. 마누라 침대가 넓으니 편히 잠들어도 좋으련만 한쪽 끄트머리, 옹색하게 잠이 든다. 각방에 머문 지 십여 년이 넘었으니 쑥스러울 만도 하지만 행여 서로의 손발이 몸에 닿을세라 몸을 사리는 처녀 같다. 내 발 하나 그의 다리 위에 얹어도 아무렇지도 않을 부부, 일심동체라 하며 살던 세월 어언 오십 년을 채워 가는데 손잡고 잠들고 싶던 그런 날도 있었는데 언제부터 우리는 그렇게 남을 보듯 조심스러운 사이가 되었을까.

　백두산 오르던 길목 어디선가 만난 호랑이도 잠들 때는 두 마리가 마주 보며 두 발을 손처럼 포개고 있었다. 혹여 마주 보고 잠들지 못하면 등이라도 서로 붙이고 잠들어 있었다. 예상치 못했던 맹수의 그 다정한 모습에 박수를 보냈다. 먹이 앞에서는 으르렁거리며 치열하게 싸우던 놈들 아니었던가. 하물며 사랑을 노래하며 사는 우리, 손잡는 일에 연연하는 내가 그리 이상한 건 아니리라.

겨울이 봄날처럼 포근한 날이면 고모가 앞 개울 빨래터엘 갔다. 논두렁 따라 난 길로 나도 작은 대야에 걸레를 담아 나섰다. 고모 옆 편평한 돌 위에 자리를 잡아 걸레를 빨았다. 방망이로 걸레를 두드려 흐르는 물에 씻어내면 거무죽죽하던 걸레도 깨끗하게 제 색을 찾았다. 고무신도 깨끗이 닦아 돌 위에 엎어 물을 빼고 고운 모래 위에 다섯 발가락을 눌러본다. 밝은 햇살에 흐르는 물길도 반짝이고 깨끗한 모래도 금가루를 섞어 놓은 듯 반짝인다. 누가 알려주었던 놀이였던가. 왼손을 모래에 얹어두고 손등 위로 오른손을 부지런히 움직여 모래를 쌓아 올렸다. 산등성이처럼 올라간 모래를 가만가만 두드리며 노래했다.

"두껍아 두껍아 헌 집 줄게 새집 다오."

크고 단단한 집을 짓기 위해 열심히 부르며 손등을 두드렸다. 언젠가는 아름다운 새집이 마술처럼 내 앞에 나타나라고 노래를 불렀다. 둥그런 눈을 부릅뜬 두꺼비가 할머니의 헌 집을 가져가고 새집을 주리라 믿었던 일곱 살.

어언 그 일곱 살의 세월을 열 번을 더해가며 살아왔다. 겨울이면 얼음으로 변하여 나를 불러주던 그 논도 두꺼비를 부르던 앞 개울도 차들이 씽씽 달리는 고속도로로 반듯하게 뻗어나가고 한나절 걸려 오가던 고향길이 이제는 차 한잔 마실 시간이면 마술처럼 나를 그 자리에 세워준다. 손등을 두드리며 애원하던 노래가 불러온 세상 앞에서 나는 다시 노래한다.

"두껍아 두껍아 새집 줄게 헌 집 다오. 헌 집 다오."

나뭇가지 엮어서 세운 울타리, 울타리가 집보다 더 성장했던 집. 누가 들여다보아도 부끄러울 것 감출 것 없는 낮은 초가집, 그래도 뒤로는 푸른 대나무 숲이 받쳐주어 든든했던 집. 남향 처마에 햇살 비치면 고드름 유난히 빛나던 집.

할머니 자리에 내가 앉아서 다섯 살 내 손녀를 기다린다.

어언 그 일곱 살의 세월을 열 번을 더해가며 살아왔다. 겨울이면 얼음으로 변하여 나를 불러주던 그 논도 두꺼비를 부르던 앞 개울도 차들이 씽씽 달리는 고속도로로 반듯하게 뻗어나가고 한나절 걸려 오가던 고향길이 이제는 차 한잔 마실 시간이면 마술처럼 나를 그 자리에 세워준다. 손등을 두드리며 애원하던 노래가 불러온 세상 앞에서 나는 다시 노래한다.

〈어느 항구의 노을〉 6F(유채화)

고구마말랭이

호주머니에서 잡혀 나오는 고구마말랭이. 탁구장 가기 전 한 움큼 넣어 둔 것이다. 한 게임 끝나면 뜨거운 커피 한잔에 말랑한 이것을 맛보며 재미있는 얘기를 나누리라 했는데 남편의 잦은 리시브 실수로 패배한 게임에 심통을 부리느라 그만 까맣게 잊었었다.

없어도 그만일 간식거리지만 나누지 못하고 가져온 말랭이를 보며 스스로 미련퉁이구나 싶었다. 그처럼 하찮은 무엇엔가 홀려 소중한 일을 잊고 살지 않았는가 뒤돌아본다. 내내 머물고 싶은 즐거운 시간도 있었는가 싶었는데 시계의 바늘을 후다닥 돌려 아픔을 잊고 싶은 날도 있었다. 다시는 돌아갈 수 없는 시간, 그러고 보니 한 해의 끝 날이다. 꺼낸 말랭이를 남편이 즐겨 먹는 과자 그릇에 담았다. 저녁이면 영화보다 심심하다고 챙겨 먹는 단것들의 자리, 한때 즐기던 마른오징어도 이젠 임플란트로 대체해야 할 부실한 어금니 때문에 안녕을 고하고 오물거리다 보면 달큼하게 녹아 주는 이것이 자리를 메꿔주리라.

 한 장 남아 허전하던 지난해 달력을 떼 내니 새 달력이 그 자리를 채운다. 새 공책을 받아 첫 장을 써가는 어린 시절처럼 연필심도 곱게 깎아 하루 또 하루를 곱게 쓰고 싶었으리. 삼백육십하고도 다섯 페이지, 어제와 별다르지 않은 오늘, 반복되는 얘기로 이어진 날들이었지만 그것이 내게는 안녕하다고 대답할 수 있는 행복의 조건이다. 가슴 내려앉게 놀랄 일 없었고 누군가와 부딪쳐 다툴 일 없었으니 평온한 한 해가 아니었나. 이제 팔십 대라는 산허리가 남편의 코 앞에 다가와 한숨 몰아쉬게 하지만 젊어 보인다는 인사말에 변함없이 그 안에 머물리라는 우매함으로 이겨내는 세월이다. 젊어 보이고 싶어 머리에는 염색을 부지런히 하여도 뒷모습은 감출 수 없는 세월의 빈터가 보인다.

 열심히 달리는 마라톤의 여정, 나는 얼마나 와있는 걸까. 시작점에서 내뿜던 뜨거운 열기로 종착지까지 이어갈 수 있을까. 저 멀리 후반부에 지쳐서 따라오지 못하는 친구들이 하나씩 보이기 시작한다. 앞서거니 뒤서거니 만나는 인연을 따라 세월의 목마름에 시원한 물을 나누고 그러다 때 이른 이별의 자리에 잠시 머물기도 하리라.

부모님 병구완을 위해 내려왔다는 친구의 아들. 일 년 휴직서를 제출하고 왔다니 허물어지는 건강은 자식의 삶까지 흔들어 놓는다. 몇 달 전만 해도 아프리카 북을 두드리며 리듬을 맞추던 멋쟁이 여인이 아니었는가. 건강을 믿으며 앞서서 뛰어가지만 언제 일어날지 모르는 균열이 나를 멈추게 할지도 모른다. 다만 내 아들도 딸도 제 자식들 잘 거두며 가장으로서 지켜야 할 본분에 어긋남이 없이 잘 살아가는 모습이 대견하다. 어미에게도 든든한 울타리가 되어주고 있다.

나이 들면 줄어든다는 술자리가 내 남편에겐 비켜 가는 얘기다. 아파 누워 있으면 하루 간병비가 얼만데 얼마나 좋은 일이냐고 즐겁게 보내는 하루니 아끼지 말고 지원해 주라는 충고를 받는다. 술자리 동행하다 보니 이 시간 뺏으면 무슨 재미로 사나 싶기도 하다.

옛날 수만 리 철쭉꽃 옆에 자리를 펴고 매실주 한 잔에 시 한 수 읊으며 봄에 흠뻑 취했던 여인들이 생각난다. 그 시 한 줄 보내달라 했더니 기다린 듯 날아온다.

한잔 술은 망중한
내 어찌 이 한잔 술을 마다 하리요.
하늘이 술을 내리니 천주요, 땅이 술을 권하니 지주라.
내가 술을 좋아하고 술 또한 나를 졸졸 따르니

내 어찌 이 한잔 술을 마다 하리요
그러니 오늘 밤 이 한잔 술은 지천 명주로 알고 마시노라.

물같이 생긴 것이 물도 아닌 것이
나를 울리고 웃게 하는구나.
한숨 배인 한잔 술이 목줄기를 적실 때
내 안에 요동치는 슬픔 토해 내고
이슬 맺힌 두 잔 술로 심장을 뜨겁게 하니
가슴 속에 작은 연못을 이루어 놓네.
석 잔 술을 가슴 깊이 부어
그리움의 연못에 사랑하는 그대를 가두어 놓으리라
내가 술을 싫다 하니 술이 나를 붙잡고
술이 나를 싫다 하니 내가 술을 붙잡는구나.
                                    작자 미상

 남편의 리시브 실수로 게임에 졌다고 마냥 징징거렸지만 기실 그렇지만도 않다. 당신 잘못으로 내가 이렇게 힘들다고 하지만 사람 사는 게 그렇다. 내 허물은 안 보이고 남의 허물은 크게 보인다. 그것이 나를 버티게 하는 힘이 된다면 어불성설 웃기는 소리라 하겠지만 내 실력이 부족해서 매번 게임에 진다고 생각하면 다시는 게임의 자리에 설 용기가 없어진다. 남편은 그런 나의 무모한 응석을 잘도 참아 준다.

삼겹살 좋아하는 남편과 소주 한잔 나누는 자리에서 읊어줄 시 한 수를 외워본다.

"오늘 밤 이 한잔 술은 지천 명주로 알고 마시노라"

연극의 한 대사처럼 그럴싸하게 손을 들어가며 읊어보는 시간, 남편은 소파에 비스듬히 누워 넷플릭스를 보는 중이다. 입가에 번지는 야릇한 미소는 고구마말랭이의 달콤함 때문인가 아니면 19금만 골라보는 야한 장면 때문인가.

고모님의 겨울

 서울 아들네가 내려온다면 반가움에 앞서 마음이 바빠진다. 일 년에 두어 번 하룻밤 묵고 가지만 일주일 전부터 이불장을 열어 계절에 맞는 이불을 챙긴다. 뜨거운 햇살도 받고 바람에 내놓아 고슬고슬한 요와 이불로 어린 손자 잠길도 포근하게 재우고 싶은데 마당 없는 아파트에서는 불가능한 희망일뿐 자고 나면 가려워진다는 불평 때문에 난감해지는 할머니가 된다. 진딧물을 제거한다는 약을 뿌리기도 하고 전기를 통하면 자동으로 살충되는 기구를 장만하기도 했다. 이불 전체를 뜨거운 다림질로 달구며 땀을 흘리기도 하는데 아들이 바라는 해결책은 모두 버리라 한다. 이럴 때는 햇살 듬뿍 받을 수 있는 단독주택의 넓은 마당으로 이사 가고 싶어진다.
 편안하게 잠재우던 고모님네 그날의 기억이 좋아서 내 집에 온 손님들에게도 따뜻하게 재우리라 욕심을 부리며 쌓아온 이불이다. 계절 따라 구색 갖춘 이불의 의미를 아들이 알라마는 마음 한편 서운함을 버릴 수 없다.

어느 해 고모님 댁 아들 혼사를 하루 앞두고 대소가 친지들이 상경하게 되었다. 요즘에야 당일 아침 고속철도를 이용하면 예식 시간에 무리 없이 참석하지만 사십여 년 전 옛일이니 혼주도 친지들도 몇 날 별러 맞이하는 큰 행사였다.

저녁 식사를 마친 대소가 어른들은 도란도란 둘러앉아 그간의 회포를 풀었다. 그리 넓지 않은 빌라였지만 무릎을 마주하니 그 다정함에 밤이 깊은 줄도 몰랐다. 거실이며 부엌방까지 준비된 이불들이 펼쳐지며 고모님의 살뜰한 살림 솜씨에 입이 벌어졌다. 깔끔하게 다듬어진 요와 이불이 이날을 위해 준비해 온 고모님의 정성이 스민 듯 우리의 잠도 포근해 정갈한 아침을 맞이하게 하였다.

큰아이 중학교 시절, 논밭을 일구어 오 남매를 거두기에는 넉넉하지 못한 터전. 허리띠를 졸라매는 것만으로는 부족하다 싶어 상경을 결심한 고모님. 험난한 서울 생활에도 다행히 건강이 받쳐주었다. 물불을 가리지 않고 낮과 밤을 쉬지 않고 일한 결과로 이만한 성공을 이룬 거라며 며느리 자랑도 슬며시 곁들인다. 보기 힘들게 착하고 남편 될 아들에게 순종적인데 최고라 손꼽는 대학을 졸업한 수재라니 복덩어리를 넝쿨째

안은 기분이란다. 고모님도 친구들의 손을 빌려 사돈댁 잔치에 쓸 온갖 전을 몇 석작 장만해서 보냈다며 전라도 음식에 반한 그곳 잔치 소식을 들뜬 목소리로 전했다.

  우리의 신혼 시절, 방학이 되면 남편은 고모님 댁 가는 날을 기다렸다. 고모부님은 〈은하철도 999〉의 남자 철이를 닮았다. 키가 작달막하지만 유머가 넘쳤다. 처음 만나는 사람도 긴장을 풀게 하고 가깝게 끌어들이는 매력이 있었다. 메텔을 닮은 고모는 가녀린 몸매에 한 갈래로 땋아 내린 긴 머리였는데 이젠 짧은 파마로 곱슬곱슬 여느 아줌마와 별다르지 않았다. 시집가기 전 할머니는 혹독하리만치 신부 수업을 시켰다. 덕분에 얌전한 손끝은 그 마을의 대사를 다 치를 정도여서 혼례 준비하는 이웃들은 앞다투어 모셨다.

  그곳에 머무는 몇 날 우리는 평안하고 행복했다. 밭에서 금방 뽑아온 연한 열무잎을 된장에 찍어 먹으면 사각거리며 흐르는 풋것의 향기는 시골 된장의 묵은 냄새와 섞여 염치없이 밥그릇을 비우게 했다. 밤나무 그늘에서 따온 버섯은 어린 호박과 볶아져 졸깃하고 상큼했다. 그 어디서도 만날 수 없는 진귀한 맛이었다. 장날이면 몇 푼 못 번 빈 주머니에도 돼지고기 한 근 챙겨와 밥상에 올려주셨다. 펑퍼짐한 일바지에 허리 펼 날 없이 살아도 음성은 언제나 다정했던 그날, 이제 돌아갈 수는 없는 걸까. 세월은 딴 세상의 얘기처럼 먼 곳에 그 낙원을 감춰버렸다.

"우리 딸 잘 있었는가."

칠십이 넘은 이 조카에게 고모님은 엄마처럼 다정했었다. 한동안 소식이 뜸해 울려도 받지 않는 전화기만 바라보던 어느 날, 몹쓸 놈의 치매가 왔다며 동생이 근황을 전했다. 암으로 치료받던 막둥이 아들이 한 달 전 세상을 떠났는데도 모르고 찾는단다. 자식을 잃은 애통함에 미어지는 가슴을 안고 사느니 치매로 세상을 잊고 사는 게 더 나은 것인지 모르겠다.

고모님은 도우미와 함께 지내고 주말이면 아들이 곁을 지킨다는데 그마저도 길어지면 요양원으로 모시지 않으려나 싶다. 이젠 저세상 가기 전 너나 나나 거쳐야 할 매표소 같은 곳, 어쩌다가 제자리 찾아 나를 알아봐 주는 시간이 돌아온다면 시원한 우물물 길어와 당원 넣어 풀어주던 그 보리 미숫가루 대접해 드리면 뭐라 하실까.

창밖은 아직도 두꺼운 목도리를 하라는데 봄이 오려나, 베란다 화분에 몇 개의 꽃망울이 터지기 시작한다. 목을 길게 빼어 눈맞춤 하다가 꿈인가 생시인가, 고모의 길게 땋은 댕기머리가 좋아 따라가던 화방리의 봄 길을 걷는다. 고모님에게 다시 봄이 오려나.

그때 그 사람

걱정도 팔자라는 말은 나를 두고 생겨난 말인가. 운전을 배울까 하니 밀려드는 생각들, 출퇴근길에 오가는 차들의 행렬을 보며 무사고의 하루를 이어간다는 것은 기적이라는 생각이 앞섰다. 푸른 해안도로의 시원한 드라이브를 상상하는 기쁨보다도 내가 어찌 저 행렬 속에 끼어서 온전히 달릴 수 있을까를 걱정했다. 안개 낀 고속도로에서 일어난 추돌사고의 영상이 움츠리게 하고 119의 긴박한 사이렌 소리에 멀어지는 차를 바라보며 제발 별일 없기를 기도했다.

초등학교 시절, 운동장 한쪽에 설치된 놀이기구는 내게 아무런 쓸모가 없었다. 미끄럼틀에 올라가는 친구들을 부러워하면서도 한 번도 올라갈 시도를 해 본 적 없이 여섯 해를 물끄러미 바라보기만 하다가 졸업을 맞이했다. 시소도 그네도 마찬가지였다. 잘못하면 떨어진다는 공포감에 몸을 사렸다. 잘못되면 엄마가 그리고 온 가족이 슬퍼할 거라는 상상은 용감한 도전보다는 말썽 없는 얌전한 아이가 되는 길을 택했다.

이런 겁쟁이가 운전대를 잡아 시동을 걸게 한 여인이 있었다. 용기를 심어주는 선생님도 아니고 이름난 책 속의 주인공도 아니었다.

"배추가 왔어요" 아파트 내에 울려 퍼지는 확성기 소리. 주부들의 시간이 한가할 즈음이면 트럭 가득히 채소를 싣고 오는 여인이 있었다. 배추와 무 다발 속에서 작은 체구의 그녀는 돈을 세고 배추 다발을 건네주는 일에 전념하였다. 여자답게 꾸미는 일은 잊어버린 듯 뙤약볕에 피부는 거칠어 보이고 짧게 자른 머리칼은 푸석해 보였다.

서쪽으로 기운 햇살이 교회의 첨탑을 건너올 무렵 그녀는 트럭의 운전대를 잡고 유유히 아파트의 후문으로 빠져나갔다. 운전은 남편이 하리라는 예상에서 빗나간 그녀를 바라보며 나는 적잖이 놀랐다. 석양의 햇살에 그녀의 머릿결은 금빛으로 빛나 보였다. 사고파는 일로 우리는 헤어지면 그만인 관계였는데 초라해 보이던 그녀가 왜 갑자기 빛나는 모습으로 마음에 남는지, 내가 범접할 수 없는 능력을 그녀가 지녔기 때문이리라.

그녀가 해내는 일이라면 나도 해내야 한다고, 나는 그녀보다 더 똑똑하다는 주문을 외웠다. 내가 똑똑하다고 인정받으려면 남다른 내 모습을 보여줘야 했다. 미끄럼틀도 못 올라간 겁쟁이를 벗어나야 했다.

　어렵게 운전면허를 따고 열심히 도전한 결과 25년의 무사고 경력을 남기고 내 나이 일흔을 넘어서며 운전을 마무리했다. 그간 무서운 날도 없지는 않았다. 빗속의 밤 운전은 차선이 안 보여 불안하고 안개 낀 밤의 운전은 속력을 낼 수 없어 뒤에 따라오는 차가 무서웠다. 그래도 봄날이면 겸백에 흐르는 강물 따라 복내까지 이어지는 벚꽃길을 달리고 백일홍 고운 날에는 고서의 옛길을 친구들에게 선사했다. 곡성으로 영광으로 달려가 그곳 할머니들과 봄날을 노래하고 가을 축제에는 코스모스 머리에 꽂고 무대에 서는 기쁨을 안겨주었다.

　겁쟁이 나를 용기 내어 움직이게 한 그때 그 여인, 배추 다발 건네준 많은 인연 중에 자신을 닮으려고 마음을 다잡아 가며 빗속을 용감하게 운전하는 한 여인이 있었음을 모르고 살리라. 기억에 이렇게 깊이 새겨져 있는데 나를 키우고 나의 삶을 넓혀 주었음을 모르는 그 여인, 지금은 그도 머리 하얀 할머니가 되었을까.

　"배추가 왔어요" 오늘도 울려 퍼지는 트럭에는 얼굴 까만 남자가 낯설다. 뒤돌아서 오는 등 뒤로 그 옛날의 석양이 그리워진다.

슬픔에는 기쁨을 나누던 기억이 서려 있다. 잠결에도 눈물짓던 그리움에 아무도 없는 새벽길을 걸어 하얀 꽃잎이 날리는 커다란 벚나무 아래 쪼그려 앉아 울었다. 영원하리라 믿었던 기쁨은 순간이고 다시 불러오고 싶은 그 시간은 잡을 수 없는 바람이다.

〈목련이 있는 정물〉 8F(유채화)

땅은 똥을 마다하지 않는다

 봄볕은 따사로움으로 들길에 나서게 한다. 아랫목보다는 양지 녘이 좋아 바구니 챙겨 나섰더니 고양이도 가늘게 뜬 눈으로 바라본다. 논두렁에 푸릇푸릇 올라오는 어린 쑥은 솜씨 없는 새댁도 시어머니 사랑을 받게 하는 사랑의 묘약이다. 한 무더기 저만치서 탐스럽게 눈길을 끈다. 바람 끝에 흔들리는 잎은 유달리 반짝이기도 한다. 행여 놓칠세라 무거운 엉덩이 털고 일어나 바짝 다가간다. 잎을 한쪽으로 제치며 뿌리에 칼을 들이민 순간 향기롭지 못한 그것을 보고 말았다. 무성하게 잘 자란 쑥을 보면 그날의 기억이 남아있어 주변이 의심스러워진다.
 단독 주택에 살던 시절 마당에 호박 모종을 심었다. 열매를 보려면 개똥을 묻어줘야지 물만 주어서는 안 된다는 이웃의 충고를 받았다. 개똥을 얻어오기는 싫어서 생선 대가리를 뿌리 가까이 묻어주었다. 비린내가 풍겼는지 쥐들이 그 자리를 후벼 놓기도 하더니 줄기는 담장을 넘어 빈 공터로 뻗어 무성하게 자랐다. 아마 갈치 대가리를 파간 쥐들이 그 자리에 똥을 남겼는지도 모른다. 쥐들은 간 곳마다 똥을 남기는 버릇이 있다. 덕분에 어린 호박 몇 덩이 안아 보았다.

시골이라면 맑은 공기와 푸른 하늘 그리고 발을 담그고 싶은 시냇물이 연상된다. 그러나 일 년 내내 행복하게 놔두질 않는다. 가끔은 코를 싸매고 싶은 날이 있다. 두엄자리에는 부뚜막에서 긁어낸 재에 남정네들이 모은 소변 동이를 비워내고 돼지막에 깔아둔 질척한 짚도 걷어내어 준다. 닭구 똥을 털어내고 꼴을 베어 말린 것들을 섞으면 산처럼 쌓아 올린 두엄자리는 겨울에도 김이 모락모락 오른다. 이것들의 냄새는 측간에 갈 때면 수시로 풍기던 냄새다. 밭에 실려 가 흙과 함께 버무려지면 달콤하고 시원한 수박도 키워내고 알알이 충실한 벼도 키워낸다. 그 노력 없이 깨끗한 흙에 씨앗을 뿌리면 배추는 뻣뻣해서 김장을 망치고 일 년의 농사는 결실을 보여주지 않아 배고픔에 허덕여야 한다. 그래도 두엄 냄새는 참을 만하다. 똥장군에 실려 밭이랑 사이로 뿌려진 분뇨의 냄새는 숨이 막혀온다. 며칠을 기다려도 사라지지 않는 그 지독한 냄새가 싫어 도망치고 싶었다.

미련한 탓인가 섬세하지 못해서인가. 작가가 전하고자 한 의미는 모르면서 책의 어느 한 구절만 기억에 남아있었다.

"땅은 똥을 마다하지 않는다."

김지하 님의 글 중 이 한 구절이 젊은 날 언제부터인가 나를 따라다녔다. 똥을 거부하지 않는 땅, 그런 땅이 되어야 수많은 생명을 거느리고 키워내는 자연의 섭리를 이어갈진대 나는 언제 거름진 땅이 될 것인가.

 돌이켜보면 할아버지는 똥을 똥으로 보지 않았다. 보약처럼 아꼈다. 남의 집에서 볼일이 급해도 부지런히 집으로 달리셨다. 몸에 밴 그 냄새를 부끄러워하지 않았다. 할아버지가 닦아 놓은 기반 위에서 철없는 까탈을 부리던 젊은 나, 무식해서 말이 안 통하는 노인네 싫었다. 돈 계산만 하는 여자 속돼 보여서 싫고 저만 아는 이기적인 여자 싫고 잘난체하는 남자도 싫고 너무 고고해서 싫고, 싫고, 싫고만 이어지는 날, 내가 만날 수 있는 사람은 참으로 없다고 건방을 떨었다. 똥을 마다하지 않고 받아들이며 사는 넓은 땅이 되겠다고 자부했건만 아니었다.

 세월은 모두가 함께 부대끼며 살아야 한다고 일러준다. 살다 보니 내가 무식한 노인네가 되어있고 통장에 잔액을 확인하며 이자를 챙기는 속된 여자였다. 가끔은 젊은 날의 내 모습을 보여주며 잘난체하고 싶고 늙어 보이기 싫어 옷장을 뒤집어 놓았다.

 나는 땅이 아니었다. 어디론가 품어줄 땅에 묻혀야 할 똥이었나 보다.

꽃 마중

"봄날에 우린 무엇을 보는 거죠?"

"피는 봄? 지는 봄?"

"피고 지는 그 사이가 틈이 있던가요. 발길 돌려 다시 보려면 우수수 지는 꽃잎인데."

"어느 인생이든 드라마처럼 아름답고 또 아픈 과정이 있지요. 산 자들의 기억에 잠시 머물다 사라지는 것, 먼 길 떠나며 다시 만나자고 약속하는 것."

지난해 세상을 떠난 친구의 일주기 추모에 다녀오던 길이란다. 피다 말고 얼음 되어 울고 있는 영춘화 노란 꽃에 가슴이 더 아렸던 것인가. 〈동심초〉 노래에 실어 그가 보낸 소식이다.

떠나간 그 사람은 죽마고우라는 표현보다도 서로 바라보는 눈길이 따뜻하고 애틋해서 연인 같았던 사이다. 젊은 날엔 사업을 하느라 먼 나라에 머물며 소원하기도 했지만 이젠 돌아와 가까이 머물고 싶어 휴양지에 마련한 집도 근처에 두었단다. 서로의 생각을 꾸밈없이 나눌 수 있는 시간은 얼마나 좋은가. 책을 나누고 세상 얘기도 나누며 자식들의 미래도 함께 의논하였다. 저마다 우는 새소리도 나눠 듣는다던 그들에게 이별이 이렇게 올 줄 알았던가. 고구마 순 심고 살자더니 한 줌의 흙이 되어 묻힌 자리에 주저앉아 꺼이꺼이 울었을 그 사람.

슬픔에는 기쁨을 나누던 기억이 서려 있다. 잠결에도 눈물 짓던 그리움에 아무도 없는 새벽길을 걸어 하얀 꽃잎이 날리는 커다란 벚나무 아래 쪼그려 앉아 울었다. 영원하리라 믿었던 기쁨은 순간이고 다시 불러오고 싶은 그 시간은 잡을 수 없는 바람이다.

두 놈들 짝 맺어주고 나면 용기를 내어 한적한 어촌에 살고 싶었다. 갈치잡이 배가 들어올 즈음이면 산책에 나서고 파도 소리 담아 누군가에게 편지를 보내듯 글을 쓰고 싶었다. 소설의 주인공처럼 살고 싶었다. 허기진 사람처럼 늘 찾아오는 몸살을 그렇게 이겨내고 싶었다.

붉은 노을이 담겼다 비워지는 맥주잔을 앞에 두고 트리움 비랏의 음악에 젖는다며 말로는 표현할 수 없다는 황혼길의

여행을 내게 전해줄 때 나는 슬며시 그의 옆자리에 앉고 싶었
다. 필요한 만큼 담아가라는 팻말이 보이는 텃밭에 그의 손길
이 키운 풋것을 담아오고 싶었다. 나는 여태 등 뒤에서 그를
바라고 그는 다시 올 수 없는 그 사람에게 꽃 마중 가자며 조
르고 있다.

여름밤 옥상에 올랐다. 어떤 축제였을까. 하늘엔 불꽃놀이가 한참이었다. 모든 축제의 시작과 끝에 불꽃놀이가 순위를 지키는 것은 순간에 사라지는 아름다움 때문일까. 만인의 눈길을 받으며 순간에 피어오르는 불꽃은 터질 때마다 다른 모습으로 다른 빛으로 감동을 일으킨다. 다음에 올라올 불꽃을 기다리는 마음은 자리를 떠나지 못하게 한다. 순간에 사라지지만 아름다운 기억은 내내 꿈을 꾸게 한다.

〈돌담〉 80F(유채화)

꿈

　어떻게 알았을까? 어떻게 이곳에 왔을까. 까마중 어린줄기가 내 소원을 알고 온 것처럼 한 화분의 옆자리를 이웃 삼아 자라있다. 잡초도 예뻐서 뽑지 못하고 물을 주던 어느 날 그 동그스름한 잎자루를 흔들며 인사를 건넨다. 하늘에 계신 분은 내 소원을 아시는가 보다.
　어느 날, 까마중을 키울 수 있으면 좋겠다는 생각이 들었었다. 까마중이 주렁주렁 열리면 화려하게 피어나는 어느 꽃보다도 더 사랑스러울 것 같은 그리움이 밀려왔다. 시골에 가면 어느 들길에서나 쉽게 만나던 풀. 처음엔 방울방울 이슬에 젖어 녹색으로 머물다 매미 소리 요란한 뜨거운 햇살 아래 보랏빛으로 변해간다. 먼 산의 허리가 잡힐 듯 가까이 다가온 날, 허기진 마음을 채우려 까맣게 익어가는 탱글탱글한 알맹이 하나 입에 넣었다. 입안 가득히 퍼지던 독특한 향기, 약간은 달큼하면서도 풀냄새도 섞인 기억이 남아있다. 자잘한 씨앗의 감촉도 오래오래 향기를 남겼다. 그 까만 열매를 만나면 유년의 나로 데려갈 것 같은데. 그런 날은 고향의 들길에 불어오던 바람에 안기고 싶은 마음, 이길 길이 없었다.

글을 한 줄 써놓고 온종일 막힐 때가 있다. 오른쪽으로 가려던 길이 엉뚱하게 왼쪽으로 흐르기도 한다. 글의 주제가 분명히 있었는데 헤매고 있다. 머리를 쥐어짜도 부족한 어휘력은 가슴에서 끓어오르는 생각을 담지 못한다. 평소에 메모해야겠다 하면서도 실천에 옮겨지지 않는다. 책상 맞은편에 메모판을 설치하고 생각나는 그때마다 메모할까. 컴퓨터 앞에 형광 메모지를 붙이며 작업하던 한 드라마의 장면이 떠오른다. 단어 하나, 문장 하나, 생각나는 그때마다 붙여놓으면 혹시 잊었다 할지라도 생각나는 때가 있으려니 위로한다.

수업을 마치고 문화원 앞, 길을 건넜다. 맞은편에서 젊은 아가씨가 다가와 뭔가 손에 들려준다. 함께 오던 친구는 쓸데없는 광고라며 거절한다. 학원 광고라면 어린 학생들에게 줘야지 우리에겐 쓸모없는데, 아마 손자들이라도 보내라는 말인가 보다며 이제 말을 시작하는 손자를 생각했다. 집에 돌아와 광고 안내장을 열어보았다. 학원 얘기는 한 구절도 없고 색색으로 모은 형광 메모지였다. 입이 함박만큼 벌어진다. 이렇게 내게 보내지는 인연은 무엇일까. 저녁 내내 횡재를 한 기분이었다. 하늘에 계신 분은 공부하는 내게 도움을 주신 거라고, 나를 지켜보시는 거라고 고개를 끄덕여 본다.

한때 복권을 즐겨 사던 시절이 있었다. 매주 추첨이 끝나면 휴지로 버려지지만 일주일 동안 지갑 안에 머물며 행복한 꿈을 꾸게 해주는 신비한 효력을 지녔다. 이 작은 종이 한 장은 현실에서 붙잡을 수 없는 무한의 세계를 내 앞에 대령시킨다.
"자주 오십니다."
새 복권을 건네주던 직원에게서 예상치 못했던 인사를 받는다. 허황한 꿈을 꾸는 모습을 보인 것 같아 쑥스러워 얼른 자리를 피하고 싶었다.
"가까운 곳에 사시나 봅니다." 검은 안경테가 단정해 보인다.

출입문까지 따라 나온 직원은 명함 한 장을 원하더니 카나리아 한 쌍을 선물로 가져왔다. 집에서 기르던 새가 알을 낳아 키운 거란다. 노란색 깃털이 아름다웠다. 이 새는 노란 서숙(조)을 좋아했고 가끔은 달걀의 노른자를 서숙에 말려 모이로 주기도 했다. 어느날은 노란 유채꽃도 좋아한다고 한 아름 가져왔다. 꽃잎을 몇 잎 주면 옛 주인의 손길을 아는지 익숙하게 받는다.

유채가 만발할 때면 수만 평에 피어난 유채꽃보다도 카나리아에게 먹이를 전해주던 두 손가락 사이의 유채꽃 몇 송이가 보고 싶어진다. 그 기억은 복권이 주던 꿈의 세상보다도 더 아름답고 행복하였다. 부끄러워 감추고 싶던 허황한 꿈을 현실로 이루게 한 만남이었다.

여름밤 옥상에 올랐다. 어떤 축제였을까. 하늘엔 불꽃놀이가 한참이었다. 모든 축제의 시작과 끝에 불꽃놀이가 순위를 지키는 것은 순간에 사라지는 아름다움 때문일까. 만인의 눈길을 받으며 순간에 피어오르는 불꽃은 터질 때마다 다른 모습으로 다른 빛으로 감동을 일으킨다. 다음에 올라올 불꽃을 기다리는 마음은 자리를 떠나지 못하게 한다. 순간에 사라지지만 아름다운 기억은 내내 꿈을 꾸게 한다.

나는 누군가에게 그렇게 아름다운 기억으로 남겨질 수 없을까. 나도 그렇게 불꽃으로 찬란하게 빛나고 싶은데. 영원이 아닐지라도, 순간에 그칠지라도 기억에 남겨질 사람이 되고 싶었다.

헤아려 보면 많은 세월이 지났다. 작은 풀꽃도 기억에서 다시 피어나고, 꿈꾸던 복권은 한 쌍의 예쁜 카나리아와 유채꽃으로 꿈의 자리를 채워주었다. 떠도는 구름처럼 돌고 돌아 이제는 내 울타리 안의 작은 것을 소중하게 아끼며 불꽃놀이의 화려함을 잊은 지 오래다. 어느 순간의 한 모습이 영원처럼 남아있어 타임 터널을 타고 세월을 거슬러 날아볼 뿐이다.

꿈같은 세월, 모든 날이 축제였고 불꽃이었다. 누군가의 가슴에 씨앗으로 남아 까마중처럼 다시 피어나길 바라며 세월이 다 하는 날까지 작은 기억을 모으려 한다.

나 여기 있어요

　봉오리 보고 피지 말라 했더니 아름다운 세상 보고파서 핀단다. "나 여기 있어요." 손 흔들며 피어나는 작은 꽃 민들레, 전봇대 아래서 오가는 이의 눈길을 잡고 담벼락 옹색한 틈새에서도 거침없이 피어난다.
　담배꽁초가 던져진 잡풀 사이에서도 환하게 웃고 있는 노란빛이 사랑스러워 두 줄기 꺾어 와 물컵에 담아 두었더니 어인 일인가. 하룻밤 자고는 겁쟁이처럼 펼쳐진 꽃잎 단단히 올려 붙이고 다시는 얼굴을 보여주지 않는다. 미안해라. 하얀 날개에 몸을 실어 바람결에 흘러온 곳, 매연에 찌든 척박한 터일지라도 그곳이 안식처였으리. 햇살만 찾아와 준다면 가녀린 줄기 하늘 향한 의젓한 모습이 대견했었는데.
　꽃이 피는 이유를 어떤 이들은 사랑을 이루기 위해서라 한다. 사랑을 찾아 떠날 수 없는 몸, 뿌리가 내린 자리에서 평생 머물러야 한다. 화려한 자태와 빛깔로 시선을 끌고 향기로움으로 사랑을 부른다. 벌이 찾아오고 나비가 찾아든다. 바람을 탄 랑데부가 이루어지기도 하지만 정작 찬탄의 눈길을 보내는 것은 사람이다. 가로수로 심어 그 길을 걸으며 사랑을 나누고 정원에 머물게 하기도 하지만 산속에 저 홀로 피어나는 꽃들도 있다. 색을 더해 가는 녹음 속에서 하얗게 피어나는 벚꽃을 보라. 어린 시절 까까머리 동생의 머리에 피어있던 서러운 버짐을 닮았다고 기억하던 친구도 있었지만 "나 여기 있어요." 기억해 달라며 시위하는 것 같다.

어디 꽃만 피어나는 것이랴. 42.195km를 숨 가쁘게 달리는 마라토너는 마지막 결승선에서 테이프를 가르는 그 순간에 꽃으로 피어나 세상에 나를 알린다. 눈 속에 피어나 사랑받는 꽃이 있듯이 나의 화양연화는 이제 시작일지도 모른다. 이 나이에도 만인의 시선이 나를 바랄 그날을 위해 하루를 소중히 엮어 간다. 아니 그렇게 피어나고 싶은 것이다.

오늘 비가 내린다. 천변에 피었던 벚꽃이 빗물 따라 흘러간다. 어제도 목마름으로 하늘을 보지 않았던가. 문우에게서 문자가 왔다.

"비가 내리네요. 가슴에 그리움이 내립니다. 우산을 준비할까요? 아니면 그대 생각을 준비할까요?"

답장이 없어도 오랜 세월 변함없이 소식을 전하는 사람. 이

비에 더 싱싱하게 피어날 민들레 같은 사람. "나 여기 있어요." 그 목소리가 비를 타고 내려와 가슴을 두드린다.

하얀 메모지에 곱게 적어 보낸 이 한 구절, 책을 펼치는 순간 악수하듯 다가오는 그의 따스함이 느껴졌다. 내 나이 불혹을 향해 달리던 시절, 이런 고백을 받아본 적이 있었던가. 가슴이 뛰었다. 나의 내면을 깊이 들여다본 눈길이 곁에 찾아온 듯 부끄러움과 설렘이 일었다.

〈경화와 소연〉 4호 F(유채화)

나는 너의 좋은 데를 안단다

"나는 너의 좋은 데를 안단다."

책과 함께 편지를 받았다. 피정에 임하던 날, 묵상 후 고개를 드니 맞은편에 앉아 계시던 수녀님의 미소가 너무 아름다워서였을까. 수녀님의 등 뒤에서 빛나던 글이 좋아서 그날의 기쁨을 내게 전하고 싶었단다.

하얀 메모지에 곱게 적어 보낸 이 한 구절, 책을 펼치는 순간 악수하듯 다가오는 그의 따스함이 느껴졌다. 내 나이 불혹을 향해 달리던 시절, 이런 고백을 받아본 적이 있었던가. 가슴이 뛰었다. 나의 내면을 깊이 들여다본 눈길이 곁에 찾아온 듯 부끄러움과 설렘이 일었다.

어떤 축제였을까. 초여름밤, 딸아이 손을 잡고 옥상에 올랐다. 하늘에는 불꽃놀이가 한창이었다. 불꽃 터지는 소리와 함께 펼쳐지는 환상의 순간들, 하늘로 보내는 나의 함성은 아름다운 순간을 잠시라도 붙잡아 두고 싶은 열망의 기도였다. 그러나 끝자락에 닿기도 전에 불꽃은 허무하게 사라져 버렸다. 그렇게 순간에 사라질 운명일지라도 나도 누군가에게 불꽃처럼 아름답게 기억되고 싶었다. 형용할 수 없는 찬란한 빛으로 꽃처럼 피어나 감격의 순간을 가슴에 남겨주는 무엇이 되고 싶었다. 어깨가 무겁고 마음이 지쳐 누구에겐가 기대고 싶던 날이었다.

모처럼의 휴일을 다르게 보내고 싶었던 날 야구장을 찾았다. 입구에는 줄이 길었다. 어린아이가 자전거를 몰고 있었다. 짧은 발로 엉덩이를 비쭉거리며 어른용 자전거 페달을 밟는 모습이 불안하다 싶더니 균형을 잃고 땅바닥에 굴렀다.

"아이고 아가."

갑자기 남편이 내 등에 일격을 가한다. 어이없게도 내뱉는 말 한마디는 "창피하게."였다. 손을 뻗쳐 잡아주려는 내 모습이 남편 눈에 거슬린 모양이었다. 다른 사람은 가만히 있는데 왜 나서냐는 것이었다. 사람들의 시선이 나를 향한다. 땡볕 아래 기다림은 짜증을 폭발시킨다. 넘어진 아이보다도 나는 더 깊은 상처를 받았다. 장외로 날아가 버린 야구공처럼 도망가 버리고 싶었다. 남편에게 보내는 관심을 멀리멀리 날려 버리기로 했다.

아이들을 서울로 보낸 뒤 둘만 남았다. 아이들에게로 쏟았던 애정이 갈 곳이 없었다. 보고 싶은 아이들, 가끔 찾아와 한 사흘 머물다 훌쩍 가버리면 나는 또 한 사흘쯤 가슴이 아팠다. 이젠 성인이 되었으니 잊어도 좋으련만 어미의 눈길엔 언제나 젖을 찾던 아이다.

그러구러 시간은 흘러 환갑도 지나고 칠순도 지나고 이제는 팔순이 몇 발짝 앞이다. 나의 세월은 애증의 강물로 흐르는데 남은 여정은 얼마일까. 나보다 젊어 보여 영원히 철들지 않을 것 같던 사람, 문득 턱밑에 주름이 깊어져 보인다. 요즘 입맛이 없다더니 많이 야위었다. 다정한 친구와 마주하면 소주 한 잔에 마음 다 주던 사람, 술국 한 번 끓여 준 적 없이 매정하게 살았다. 그래야 내가 살 것 같았다. 사랑이 흐르지 않도록 철갑을 두르고 살았다. 상처받지 않으려고 가슴을 꽁꽁 싸매었다.

부부는 일심동체라 하지만 아니다. 여와 야로 만난 사이처럼 나는 맞는데 너는 틀렸다며 산다. 오랜 세월 부딪치고 살다 보면 완도 해변의 돌처럼 둥글어져 상처 주지 않고 살아갈 텐데 나와 다른 당신을 인정하는 지혜는 얼마 남지 않은 세월에도 얻어지지 않는다.

"나는 너의 좋은 데를 안단다."

그 글을 만나고 사십 년의 긴 세월이 흘렀다. 만나는 모든 이의 좋은 데를 알고 싶었다. 들려주는 얘기에 귀를 기울였다. 귀담아들으면 그 사람을 알게 되고 알고 나면 좋은 데가 보였다. 자신이 얼마나 아름다운지 모르고 사는 사람들에게도 자신의 예쁨을 거울처럼 보여주고 싶었다. 그것은 나를 위한 일이기도 했다.

그렇게 남에게는 여유를 보이면서 왜 남편에게는 바가지를 긁고 싶을까. 거실에서 잠드는 남편을 위해 소파 겸 침대를 주문했다. 그리 넓지 않은 그것은 테두리가 나무여서 딱딱하였다. 잠결에 떨어질까 보조 의자를 옆에 붙여두기는 했어도 불평 없이 잠드는 모습에 마음이 편치를 않다.

"아버지, 사랑꾼이야."

"엄마는 아버지 불평이 많아서 그런가 보다 했는데 아니네." 딸이 들려주던 얘기다.

딸에게는 보이는 사랑이 왜 나는 보이지 않을까. 도수 높은 돋보기를 사야 한다. 가까운 것은 잘 보지 못하는 나를 위해서다. 이제부터라도 "당신의 좋은 데가 보이네." 남편 곁에 다가가기 위해서다.

가는 길

 지난해 사월 우리는 망월동 묘역에 터를 잡았다. 내 묻힐 자리를 중심으로 이모네가 앞자리, 삼촌네가 뒷자리로 예약했다. 그늘진 정자가 가까이 있고 옆으로 시원한 샘물이 흘러 찾아오는 이들이 머물기도 좋았다. 우리가 저세상 간 뒤에 아들네가 오더라도 편하게 찾아오라고 평지에 자리를 잡았다. 외할아버지, 외할머니를 모신 산에서 내려다보이는 자리다. 가까이 아들, 딸, 손녀까지 보여 덜 외로우실 거다. 옛날과 달리 한 자리에 여덟의 영혼을 모실 수 있어 어머니를 모실 자리를 미리 준비했다는 안도에 마음이 가벼웠다. 나와 내 남편이 그 곁에 묻힐 것이다.
 저세상 가는 길은 순서가 없다고들 하더니 어머니 병환이 일 년을 넘길까 걱정했는데 어머니보다 십여 년 더 젊은 삼촌이 저세상 문을 두드린 것은 예상치 못한 일이다.
 어린 시절 외가에 살게 된 연고로 삼촌과 이모와 나는 한

집에 살았다. 한방에서 공부하고 한솥밥을 먹었다. 방이 여럿 있어도 난방비를 아껴야 해서 커다란 이불 하나에 가운데로 발을 모아 동그랗게 해바라기처럼 모여 잠들었다. 한 살 아래인 이모와 나는 예쁜 옷도 같이 입어야 하고 머리핀까지 다르면 시샘으로 싸웠다. 남들은 우리가 쌍둥이라 했다. 밥그릇에 담아진 밥의 높이로 밥상에서도 싸우니 하루는 밥그릇 안에 장 그릇을 엎어서 밥을 산처럼 올려주었다. 삼촌의 장난기가 발동한 날이었다.

큰언니네 딸 때문에 늘 손해 본다는 생각으로 이모는 조카가 미웠으리라. 내 욕심은 끝이 없어도 삼촌들은 가엾다는 생각에 내 편을 들어주었다. 싸우면서 정든다더니 이모 약혼 여행에도 사양 없이 따라간 나, 어쩌면 바보가 아니었나 싶다. 지금도 살림 장만할 때면 이모는 함께 사고 싶어 한다. 이왕이면 고급스러운 선택을 하는 이모와 달리 저렴한 가격표를 먼저 보게 되는 조카가 못마땅하면서도 자꾸만 옆으로 이사 오라 한다.

인연은 알 수 없다. 삼촌의 혼인날이 잡히고 만나게 된 삼촌의 색시는 고교, 대학을 함께한 동기 동창이었다. 깔끔한 멋쟁이였다. 오십여 년을 숙모와 이모와 나는 자매처럼 오갔다. 계절 따라 맛 따라 우리 발길은 언제나 함께였다. 친정 곁, 전원주택에 머무는 숙모는 우리에게 별장 같은 휴식처를 제공해 주었다. 텃밭에 상추가 어우러지면 마당에 자리를 잡아 삼겹살을 굽고 이제 겨우 분홍색으로 모양을 갖춘 당근을 뽑아 맛보는 재미에 어린 손자들은 얼마나 좋아했는지. 울타리 옆 접시꽃은 색색으로 피어나고 화분 하나도 예술 작품으로 만드는 솜씨에 재주 없는 나는 지레 남편의 눈치를 보아야 했다.

묘역 관리사무소에 예약을 마치고 계단을 내려오던 삼촌, 숙모의 손을 잡아주었다. 흡사 결혼행진곡에 맞추어 입장하는 신랑 신부처럼 다정해 보였다. 백내장 수술로 눈이 부셔 햇빛 보기가 힘들다는 숙모는 무릎도 성치 않았다. 그래도 가을이면 제주도 여행을 가자고 약속했건만 그해를 보내버리고 벚꽃이 분분히 흩날리던 다음 해 봄날 초밥집에 둘러앉았다. 병원에 입원하고 퇴원하는 일이 일상이던 날 이모는 여행은 못 가더라도 밥이라도 함께 먹자 했다. 그날 삼촌의 모습은 얼마나 밝으셨는지 초밥에 곁들이는 반찬을 손수 챙겨주셨다. 그날의 점심이 마지막 자리가 될 줄 아무도 몰랐다.

조그만 상자에 담겨 한 줌 흙으로 묻힌 삼촌, 그 큰 키의 흔적은 간데없고 한없이 착해 보이던 동그란 눈매가 생각나 울컥 서러움이 밀려왔다. 휴가 오던 날 해군 제복의 늠름한 모습에 춘순 언니는 세상 제일 멋진 남자라고 말을 더듬으며 눈을 떼지 못했었다. 무등산 자락에 까맣게 익어가는 버찌를 따 먹으며 입이 새까맣게 물든 날, 함께 간 언니들이 얼마나 즐거워했는지 가로수길에 버찌가 까맣게 물들면 한 손 가득히 모아 그날로 물들어 보곤 했다.

문득 삼촌이 만들어 준 원고용지가 생각난다. 중학교 막 입학한 사춘기 시절. 나는 노랫말 짓기를 좋아했다. 영화 〈신데렐라〉의 여주인공이 왕자가 연주하는 피아노 선율에 맞추어 춤을 추었다. 그 황홀함에 빠져 왈츠를 추면서 노래를 불렀다, 그날 삼촌은 원고용지를 만들어 맨 아래에 "정진숙 원고 용지"라고 인쇄를 해주었다. 그 일곱 글자 때문에 나 외에는 그 원고용지를 쓸 수 없었다. 글쓰기를 꾸준히 하길 바라셨을 터 이제 칠십 고개에서 후회라니.

어떤 사람이 되길 바랐는지, 많은 얘기를 나누면서도 그 말은 못 하고 살았다. 가신 다음에 이제야 깨닫게 되는 일들, 숙모님도 긴 세월 부부로 살면서 들려주지 못한 얘기가 있으리라. 무덤 앞에서 푸념으로라도 전하면 보내는 아픔이 조금은 덜어질까.

하얗게 피어나 바람에 흔들리는 삐비꽃, 산등성이 전체가 하얀 물결이다. 내 가는 길도 저기 있으리. 천년을 또 준다 한들 눈 깜짝할 세월 아니던가. 돌아갈 수 없는 길에 피어난 꽃일지라도 그 향기 올려보내오니 부디 평안 하시길 빌어본다.

후기

문우님의 메시지 첫 편

정진숙 작가와 40년 지기 인연으로 내왕하며 살아왔다.
작가는 공예(工藝)를 전공했고 4, 50대는 물론이고 팔순을 앞둔 지금도 통기타 반주에 차분하고 낮은 음성으로 〈우리 사랑〉, 〈꿈을 꾼 후에〉, 〈인연〉을 열창한다.
카세트테이프에 멋진 음악을 선곡하고 담아 주변 지인들게 셀 수 없이 나눠주는 정성은 감동 그 자체였다.
늘 책을 가까이하고 본인이 읽었던 책이나 좋은 신간을 아낌없이 선물했다. 『맨발의 이사도라』, 『자유를 위한 변명』, 『오쇼 라즈니쉬』, 『시무룽』 작가로부터 받은 책(숙제)은 나열할 수 없을 만큼 많다.
정진숙 작가의 정체성은 아마 '음악과 책'이 아닐까. 나아가 그것을 이웃과 나누고 공감하는 '착한 영향력'이 아주 몸에 밴 사람이다.

그 결과물이 칠순 기념으로 펴낸 수필집『그대에게 들려주고 싶은 노래』다. 보이지 않는 끈으로 세월과 사람을 불러온다는 노래 수필은 꾸밈없고 잔잔하게 가을 낙엽처럼 우리 곁으로 파고든다. 다시 7년이 흐르고 두 번째 수필집『비거스렁이 바람결에』 출간을 진심으로 축하드린다.

작가의 입을 통해서 비난과 불평 험담을 한 번도 들어 본 적이 없다. 삶 전반이 톨레랑스다. 작가는 항상 아름다운 음악을 듣고 노랠 불렀으며 멋진 꿈을 꾸셨다. 곱게 늙는다는 말이 있듯이 정진숙 작가님은 늘 아름답다.

그가 즐겨 낭송하던 시 한 편 여러분과 공유하고 싶어 올린다.

벚꽃

최원칠

개화하는 순간을 볼 수 있었다면
이다지도 놀라움이 컸겠습니까.
맨몸으로 겨울을 견디고
가지마다 물이 오르고 꽃눈을 달고
붉은 유두처럼 봉긋하더니
팝콘 터지듯 일제히 피어나는 가슴에
어안이 벙벙합니다

웬만하면 지나칠 무심한 시선들마저
한동안 붙잡아 놓고 맙니다

한낮 태양보다 강렬한
흰빛 성찬에
마음 둘 곳 모릅니다
몸 둘 곳을 모르겠습니다
원치 않아도 불쑥 찾아왔던 사랑처럼
가을에 떠났던 불귀의 옛사랑처럼
사랑이 피고, 지는
관조의 능력을 가졌다면

이토록 감당 못 할 몸살이야 났겠습니까
이 순간이 영원할 줄 알았다면 무턱대고
소심한 가슴 철렁 내려앉았겠습니까

그보다 먼저 피어났을 서늘한 가슴속에도
꽃 그림자 길게 남아 있음을
이제 사 알게 되었습니다
잇몸 드러나게 환하게 웃던 날들이
두 손 가지런히 내어주셨던 그 순간이
찬란한 벚꽃 그늘 속에 피어났음을

― 최원칠 | 한라산 돌매화 시인

문우님의 메시지 두 번째

'노래는 잠시 쉬어가는 주막이다.' 정진숙 수필집에는 상처와 아픔을 다독이는 노래가 있습니다. 다양한 서정과 삶의 고뇌를 화려하지 않아도 세상을 따뜻하게 적셔 주고 싶은 노래로 들려줍니다. 오늘도 귀를 열어 둡니다.

저의 시 한 편 작가의 잔칫상에 곁들여 올려 봅니다.

물레야 물레야

김진태

달빛에 감겨 파도 소리 올라온다

유년의 내 마음 감아올리듯
출렁이며 올라오는
푸른 실타래

호롱불 아래 바느질하는 어머니
투박한 손마디가 뭉툭 올라온다

두고 온 남매 아픈 손가락에 감아올리고

달빛 머금은 정화수는 어머니 비손에 젖는다

눈물의 속껍질을 벗겨내는 파도
주름진 얼굴이 하회탈로 올라온다
철썩철썩 부딪히는 어머니의 삶

물레를 돌려라 물레를 돌려라

출렁이며 넘실이며
눈물 많은 달빛 타래에 감겨
올라온다

—김진태 | 사)한국문인협회 회원 서은 문학연구회 회원

문우님의 메시지 세 번째

그이는 곰국 맛집이다.

푹 고아낸 국물이 입맛을 돋운다. 진하게 우려낸 옛 맛을 음미하며 나는 어느덧 지난날을 더듬는 시간 여행자가 된다. 아끼지 않고 넣어준 고기꾸미에 인정이 두툼하게 배어 있고, 새각시의 애달은 정념 같은 쌉싸름한 곁들이가 무딘 미각을 일깨운다. 꿈을 놓지 않는 이답게 팔팔 끓는 열정을 국자 그득 퍼줄 때면 그의 눈매는 맵차게 곤두선다. 세월에 발목 잡혔다는 핑계는 그에게 통하지 않는다. 글이면 글, 탁구면 탁구, 우쿨렐레면 우쿨렐레, 그림이면 그림, 춤이면 춤, 앞으로 나아가기를 주저하지 않는다.

하여 그가 내놓는 곰국에 맛 들인 나는 그이의 삶을 관통하는 다함 없는 열정에 오늘도 뜨끔하다.

― 제이 | 수필가

정진숙 수필집
비거스렁이 바람결에

2024년 12월 30일 초판 1쇄 발행

지은이 정진숙 | 펴낸이 김은영 | 펴낸곳 북나비
출판신고 2007년 11월 29일 제380-2007-00056호
주소 04992 서울시 광진구 자양로9길 32 4층(자양동)
전화 (02)903-7404, 팩스 02-6280-7442
booknavi@hanmail.net
블로그 www.booknavi.co.kr

ⓒ 정진숙 2024
ISBN 979-11-6011-150-7 03810

※ 이 책의 저작권은 저자에게 있으며 출판권은 북나비에 있습니다.
※ 이 책의 전부 또는 일부를 이용하시려면 저작권자와 북나비의 동의를 받아야 합니다.
※ 책값은 뒤표지에 있습니다. 잘못된 책은 바꾸어 드립니다.